《企业会计准则第22号——金融工具确认和计量》应用指南 2018

财政部会计司编写组　编著

中国财经出版传媒集团
中国财政经济出版社

图书在版编目（CIP）数据

《企业会计准则第 22 号——金融工具确认和计量》应用指南.2018/财政部会计司编写组编著.—北京：中国财政经济出版社，2018.5
 ISBN 978-7-5095-8268-8

Ⅰ.①企… Ⅱ.①财… Ⅲ.①企业-会计准则-中国-指南 Ⅳ.①F279.23-62

中国版本图书馆 CIP 数据核字（2018）第 096210 号

责任编辑：黎子民　　　　　责任校对：胡永立
封面设计：王　颖

中国财政经济出版社 出版

URL：http://www.cfeac.com
E-mail：cfeac@cfemg.cn

（版权所有　翻印必究）

社址：北京市海淀区阜成路甲 28 号　邮政编码：100142
营销中心电话：010-88191522
天猫网店：中国财政经济出版社旗舰店
http://zgczjjcbs.tmall.com
北京时捷印刷有限公司印刷　各地新华书店经销
787×1092 毫米　16 开　11 印张　132 000 字
2018 年 7 月第 1 版　2021 年 6 月北京第 5 次印刷
定价：30.00 元
ISBN 978-7-5095-8268-8
（图书出现印装问题，本社负责调换）
本社质量投诉电话：010-88190744
打击盗版举报热线：010-88191661、QQ：2242791300

目 录

一、总体要求 / 1

二、关于金融工具的相关定义 / 2
    (一) 金融资产 / 2
    (二) 金融负债 / 4
    (三) 衍生工具 / 5

三、关于适用范围 / 7
    (一) 涉及其他准则规范的情况 / 7
    (二) 属于本准则范围的买卖非金融项目的合同 / 9
    (三) 属于本准则范围的贷款承诺 / 11

四、关于应设置的会计科目 / 12

五、关于金融资产和金融负债的确认和终止确认 / 16
    (一) 金融资产和金融负债确认条件 / 16
    (二) 关于以常规方式购买或出售金融资产 / 17
    (三) 金融资产的终止确认 / 17
    (四) 金融负债的终止确认 / 18

六、关于金融资产的分类 / 21
    (一) 关于企业管理金融资产的业务模式 / 21
    (二) 关于金融资产的合同现金流量特征 / 25

（三）金融资产的具体分类 / 34
（四）金融资产分类的特殊规定 / 37
（五）金融资产分类流程图 / 39

七、关于金融负债的分类 / 40
（一）金融负债的分类 / 40
（二）公允价值选择权 / 40

八、关于嵌入衍生工具 / 43
（一）嵌入衍生工具的概念 / 43
（二）嵌入衍生工具与主合同的关系 / 44
（三）嵌入衍生工具的会计处理 / 49

九、关于金融工具的重分类 / 52
（一）金融工具重分类的原则 / 52
（二）金融资产重分类的计量 / 53

十、关于金融工具的计量 / 57
（一）金融资产和金融负债的初始计量 / 57
（二）金融资产的后续计量 / 58
（三）金融负债的后续计量 / 77

十一、关于金融工具的减值 / 85
（一）概述 / 85
（二）对信用风险显著增加的评估 / 87
（三）预期信用损失的计量 / 106
（四）金融资产减值与利息收入的计算 / 117
（五）金融工具减值处理流程图 / 118
（六）金融工具减值的账务处理 / 119

十二、关于衔接规定 / 126
（一）关于金融资产的分类 / 126

（二）相关指定或撤销指定 / 127

（三）关于金融工具的减值 / 128

（四）衔接调整与计量 / 128

附录一 企业会计准则第 22 号——金融工具确认和
　　　　计量 / 130

附录二 《企业会计准则第 22 号——金融工具确认和计量》
　　　　修订说明 / 162

一、总体要求

《企业会计准则第 22 号——金融工具确认和计量》（以下简称本准则）主要规范了各类企业的金融资产和金融负债的确认和计量、嵌入衍生工具的会计处理、金融工具的减值，以及金融资产和金融负债所产生的相关利得和损失的会计处理。金融资产转移、套期会计的确认和计量，分别由《企业会计准则第 23 号——金融资产转移》和《企业会计准则第 24 号——套期会计》规范。权益工具与金融负债的区分等，由《企业会计准则第 37 号——金融工具列报》规范。

企业所取得的金融资产和承担的金融负债，应当按照本准则的要求进行会计处理，并且应当按照《企业会计准则第 37 号——金融工具列报》中有关要求进行列报。

金融资产和金融负债的分类是确认和计量的基础。企业应当根据其管理金融资产的业务模式和金融资产的合同现金流量特征，对金融资产进行合理的分类。同时，企业应当结合自身业务特点和风险管理要求，对金融负债进行合理的分类。对金融资产的分类一经确定，不得随意变更。对金融负债的分类一经确定不得变更。

企业应当根据金融资产和金融负债确认和终止确认条件，对其进行确认和终止确认。企业初始确认金融资产和金融负债时，通常应当按照公允价值计量。金融资产和金融负债的后续计量与分类密切相关。

企业应当在资产负债表日对金融资产和信贷承诺等，以预期信用损失为基础确认减值损失，计提减值准备。企业应当考虑金融资产和信贷承诺等的未来预期信用损失情况，及时、足额地计提减值准备，更加有效反映和防控金融工具的信用风险。

二、关于金融工具的相关定义

金融工具是指形成一方的金融资产并形成其他方的金融负债或权益工具的合同。合同的形式多种多样，可以采用书面形式，也可以不采用书面形式。实务中的金融工具合同通常采用书面形式。非合同的资产和负债不属于金融工具。例如，应交所得税是企业按照税收法规规定承担的义务，不是以合同为基础的义务，因此不符合金融工具定义。一般来说，金融工具包括金融资产、金融负债和权益工具，也可能包括一些尚未确认的项目。

（一）金融资产

金融资产，是指企业持有的现金、其他方的权益工具以及符合下列条件之一的资产：

1. 从其他方收取现金或其他金融资产的合同权利。例如，企业的银行存款、应收账款、应收票据和发放的贷款等均属于金融资产。而预付账款不是金融资产，因其产生的未来经济利益是商品或服务，不是收取现金或其他金融资产的权利。

2. 在潜在有利条件下，与其他方交换金融资产或金融负债的合同权利。例如，企业购入的看涨期权或看跌期权等衍生工具。

【例1】$2×17$年1月31日，丙上市公司的股票价格为113元。甲企业与乙企业签订6个月后结算的期权合同。合同规定：甲企业以每股4元的期权费买入6个月后执行价格为115元的丙公司股票的看涨期权。$2×17$年7月31日，如果丙公司股票的价格高于115元，则行权对甲企业有利，甲企业将选择执行该期权。

本例中，甲企业享有在潜在有利条件下与乙企业交换金融资产的合同权利，应当确认一项衍生金融资产。

3. 将来须用或可用企业自身权益工具进行结算的非衍生工具合同，且企业根据该合同将收到可变数量的自身权益工具。

【例2】 2×18年2月1日，甲企业为上市公司，为回购其普通股股份，与乙企业签订合同，并向其支付100万现金。根据合同，乙企业将于2×18年6月30日向甲企业交付与100万元等值的甲企业普通股。甲企业可获取的普通股的具体数量以2×18年6月30日甲企业的股价确定。

本例中，甲企业收到的自身普通股的数量随着其普通股市场价格的变动而变动。在这种情况下，甲企业应当确认一项金融资产。

4. 将来须用或可用企业自身权益工具进行结算的衍生工具合同，但以固定数量的自身权益工具交换固定金额的现金或其他金融资产的衍生工具合同除外。其中，企业自身权益工具不包括应当按照《企业会计准则第37号——金融工具列报》分类为权益工具的可回售工具或发行方仅在清算时才有义务向另一方按比例交付其净资产的金融工具，也不包括本身就要求在未来收取或交付企业自身权益工具的合同。

【例3】 甲企业于2×17年2月1日向乙企业支付5 000元购入以自身普通股为标的的看涨期权。根据该期权合同，甲企业有权以每股100元的价格向乙企业购入甲企业普通股1 000股，行权日为2×18年6月30日。在行权日，期权将以甲企业普通股净额结算。假设行权日甲企业普通股的每股市价为125元，则期权的公允价值为25 000元，则甲企业会收到200股（25 000/125）自身普通股对看涨期权进行净额结算。

本例中，期权合同属于将来须用企业自身权益工具进行结算的衍生工具合同，由于合同约定以甲企业的普通股净额结算期权的公允价值，而非按照每股100元的价格全额结算1 000股甲企业股票，因此不属于"以固定数量的自身权益工具交换固定金额的现金"。在这种情况下，甲企业应当将该看涨期权确认为一项衍生金融资产。

（二）金融负债

金融负债，是指企业符合下列条件之一的负债：

1. 向其他方交付现金或其他金融资产的合同义务。例如，企业的应付账款、应付票据和应付债券等均属于金融负债。而预收账款不是金融负债，因其导致的未来经济利益流出是商品或服务，不是交付现金或其他金融资产的合同义务。

2. 在潜在不利条件下，与其他方交换金融资产或金融负债的合同义务。例如，企业签出的看涨期权或看跌期权等。沿用例1资料，乙企业承担在潜在不利条件下与甲企业交换金融资产的合同义务，应当确认一项衍生金融负债。

3. 将来须用或可用企业自身权益工具进行结算的非衍生工具合同，且企业根据该合同将交付可变数量的自身权益工具。

4. 将来须用或可用企业自身权益工具进行结算的衍生工具合同，但以固定数量的自身权益工具交换固定金额的现金或其他金融资产的衍生工具合同除外。企业对全部现有同类别非衍生自身权益工具的持有方同比例发行配股权、期权或认股权证，使之有权按比例以固定金额的任何货币换取固定数量的该企业自身权益工具的，该类配股权、期权或认股权证应当分类为权益工具。其中，企业自身权益工具不包括应当按照《企业会计准则第37号——金融工具列报》分类为权益工具的可回售工具或发行方仅在清算时才有义务向另一方按比例交付其净资产的金融工具，也不包括本身就要求在未来收取或交付企业自身权益工具的合同。

《企业会计准则第37号——金融工具列报》规范了金融负债和权益工具的区分。

（三）衍生工具

衍生工具，是指属于本准则范围并同时具备下列特征的金融工具或其他合同：

1. 其价值随特定利率、金融工具价格、商品价格、汇率、价格指数、费率指数、信用等级、信用指数或其他变量的变动而变动，变量为非金融变量（比如特定区域的地震损失指数、特定城市的气温指数等）的，该变量不应与合同的任何一方存在特定关系。

衍生工具的价值变动取决于标的变量的变化。例如，甲国内金融企业与乙境外金融企业签订了一份1年期利率互换合约，每半年末甲企业向乙企业支付美元固定利息、从乙企业收取以6个月美元LIBOR（浮动利率）计算确定的浮动利息，合约名义金额为1亿美元。合约签订时，其公允价值为零。假定合约签订半年后，浮动利率（6个月美元LIBOR）与合约签订时不同，甲企业将根据未来可收取的浮动利息现值扣除将支付的固定利息现值确定该合约的公允价值。这里的合约的公允价值因浮动利率的变化而改变。

2. 不要求初始净投资，或者与对市场因素变化预期有类似反应的其他合同相比，要求较少的初始净投资。

企业从事衍生工具交易不要求初始净投资，通常指签订某项衍生工具合同时不需要支付现金。例如，某企业与其他企业签订一项将来买入债券的远期合同，就不需要在签订合同时支付将来购买债券所需的现金。但是，不要求初始净投资，并不排除企业按照约定的交易惯例或规则相应缴纳一笔保证金，比如企业进行期货交易时要求缴纳一定的保证金。缴纳保证金不构成一项企业解除负债的现时支付，因为保证金仅具有"保证"性质。

在某些情况下，企业从事衍生工具交易也会遇到要求进行现金支付的情况，但该现金支付只是相对很少的初始净投资。例如，从市场上购入备兑认股权证，就需要先支付一笔款项。但相对于行权时购入相应股份所需支付的款项，此项支付往往是很小的。又如，企业进行货币互换时，通常需要在合同签订时支付某种货币计价的一笔款项，但同时也会收到以另一种货币计价的"等值"的一笔款项，无论是从该企业的角度，还是从其对手（合同的另一方）看，初始净投资均为零。

3. 在未来某一日期结算。

衍生工具在未来某一日期结算，表明衍生工具结算需要经历一段特定期间。衍生工具通常在未来某一特定日期结算，也可能在未来多个日期结算。例如，利率互换可能涉及合同到期前多个结算日期。另外，有些期权可能由于是价外期权而到期不行权，也是在未来日期结算的一种方式。

远期合同是常见的衍生金融工具。例如，某项6个月后结算的远期合同。根据该合同，合同一方（买方）承诺支付100万元现金，以换取面值为100万元固定利率债券；合同的另一方（卖方）承诺交付面值100万元的固定利率债券以换取100万元现金。在这6个月的期间内，双方均有交换现金或金融资产的合同权利或义务。如果债券的市价超过100万元，情况对买方有利，而对卖方不利；如果市价低于100万元，结果正好相反。可见，买方既有与所持有看涨期权下类似的合同权利（金融资产），也有与所签出看跌期权下类似的合同义务（金融负债）；卖方既有与所持有看跌期权下类似的合同权利（金融资产），也有与所签出看涨期权下类似的合同义务（金融负债）。与期权相同，这些合同权利和合同义务构成的金融资产和金融负债与合同中的基础金融工具（被交换的债券和现金）有明显的区别。远期合同的双方都有义务在约定时间执行合同，而期权合同仅当期权持有方选择行使权利的情况下才会被执行。

三、关于适用范围

通常情况下,符合本准则中金融工具定义的项目,应当按照本准则规定进行会计处理。但一些符合金融工具定义的项目适用其他准则,不按照本准则进行会计处理。同时,一些非金融项目合同有可能按照本准则进行会计处理。

(一)涉及其他准则规范的情况

1. 由《企业会计准则第 2 号——长期股权投资》规范的对子公司、合营企业和联营企业的投资,适用《企业会计准则第 2 号——长期股权投资》,但是企业根据《企业会计准则第 2 号——长期股权投资》对上述投资按照本准则相关规定进行会计处理的,适用本准则。企业持有的与在子公司、合营企业或联营企业中的权益相联系的衍生工具,适用本准则;该衍生工具符合《企业会计准则第 37 号——金融工具列报》规定的权益工具定义的,适用《企业会计准则第 37 号——金融工具列报》。

2. 由《企业会计准则第 9 号——职工薪酬》规范的职工薪酬计划形成的企业的权利和义务,符合金融工具的定义。但由于职工薪酬相关权利和义务的计量具有一定的特殊性,其会计处理适用《企业会计准则第 9 号——职工薪酬》。

3. 由《企业会计准则第 11 号——股份支付》规范的股份支付,适用《企业会计准则第 11 号——股份支付》。但是,股份支付中属于本准则第八条范围的买入或卖出非金融项目的合同,适用本准则。

4. 由《企业会计准则第 12 号——债务重组》规范的债务重组,适用《企业会计准则第 12 号——债务重组》。

5. 因清偿按照《企业会计准则第 13 号——或有事项》所确认

的预计负债而获得补偿的权利,适用《企业会计准则第 13 号——或有事项》。

6. 由《企业会计准则第 14 号——收入》规范的属于金融工具的合同权利和义务,适用《企业会计准则第 14 号——收入》,但该准则要求在确认和计量相关合同权利的减值损失和利得时应当按照本准则规定进行会计处理的,适用本准则有关减值的规定。

7. 购买方(或合并方)与出售方之间签订的,将在未来购买日(或合并日)形成《企业会计准则第 20 号——企业合并》规范的企业合并,且其期限不超过企业合并获得批准并完成交易所必须的合理期限的远期合同,符合本准则关于金融工具和衍生工具的定义,但不适用本准则。

8. 由《企业会计准则第 21 号——租赁》规范的租赁权利和义务,适用《企业会计准则第 21 号——租赁》。但下列情况除外:

(1)企业作为出租人的,其租赁应收款的减值、终止确认的会计处理,适用本准则。

(2)企业作为承租人的,其租赁应付款(即租赁负债)的终止确认的会计处理,适用本准则。

(3)租赁中嵌入的衍生工具的会计处理,适用本准则。

9. 金融资产转移,适用《企业会计准则第 23 号——金融资产转移》。

10. 套期会计,适用《企业会计准则第 24 号——套期会计》。

11. 由保险合同相关会计准则规范的保险合同所产生的权利和义务,适用保险合同相关会计准则。因具有相机分红特征而由保险合同相关会计准则规范的合同所产生的权利和义务,适用保险合同相关会计准则。但对于嵌入保险合同的衍生工具,该嵌入衍生工具本身不是保险合同的,适用本准则。

12. 财务担保合同,是指当特定债务人到期不能按照最初或修改后的债务工具条款偿付债务时，要求发行方向蒙受损失的合同持有人赔付特定金额的合同。目前实务中发行方对财务担保合同有两种处理方式，即按照金融工具相关准则进行会计处理，或者按照保险合同相关准则进行会计处理（如融资性担保公司）。因此，本准则从实务角度出发，规定财务担保合同的发行方可做如下选择：

（1）发行方之前明确表明将此类合同视作保险合同，并且已按照保险合同相关会计准则进行会计处理的，可以选择适用本准则或保险合同相关会计准则。该选择可以基于单项合同，但选择一经做出，不得撤销。

（2）其他情况下，相关财务担保合同适用本准则。

13. 企业发行的按照《企业会计准则第 37 号——金融工具列报》规定应当分类为权益工具的金融工具，适用《企业会计准则第 37 号——金融工具列报》。

（二）属于本准则范围的买卖非金融项目的合同

对于能够以现金或其他金融工具净额结算（即不交付非金融项目本身，而是根据双方合同权利义务的价值差以现金或其他金融工具结算），或者通过交换金融工具结算的买入或卖出非金融项目的合同，企业应当将该合同视同金融工具，适用本准则。但企业按照预定的购买、销售或使用要求签订并持有旨在收取或交付非金融项目的合同除外。

以现金或其他金融工具净额结算，或者通过交换金融工具结算的买入或卖出非金融项目的合同可能有以下情况：

（1）合同条款允许合同一方以现金或其他金融工具进行净额结算或通过交换金融工具结算。

（2）合同条款没有明确规定，但是企业具有对类似合同以现金或其他金融工具进行净额结算或通过交换金融工具进行结算的惯例。

(3)企业具有收到合同标的(如贵金属)之后在短期内将其再次出售以从短期波动中获取利润的惯例。

(4)作为合同标的的非金融项目易于转换为现金。

符合上述(2)或(3)所述条件的合同并非企业按照预定的购买、出售或使用要求签订并持有、旨在收取或交付非金融项目的合同,因此属于本准则的范围。对于符合上述(1)或(4)所述条件的合同,企业应进行评估以确定其是否为按照预定的购买、出售或使用要求签订并持有、旨在收取或交付非金融项目的合同。

【例4】2×17年1月1日,甲企业根据其预计使用需求签订了一份按固定价格购买1 000吨铜的远期合同。合同规定,甲企业在12个月后可以接受实物交割,或者根据铜的公允价值变动以支付或收取现金进行净额结算。

本例中,如果甲企业打算通过接受实物交割来结算合同,并且对类似合同没有以现金进行净额结算,或者接受铜的交割但在交割后短时间内将其再次出售以从短期波动中获取利润的惯例,那么此合同属于按照预定的购买、销售或使用要求签订并持有、旨在收取或交付非金融项目的合同,应适用其他相关会计准则。

对于能够以现金或其他金融工具净额结算,或者通过交换金融工具结算的买入或卖出非金融项目的合同,即使企业按照预定的购买、销售或使用要求签订并持有旨在收取或交付非金融项目的合同的,企业也可以将该合同指定为以公允价值计量且其变动计入当期损益的金融资产或金融负债。企业只能在合同开始时做出该指定,并且必须能够通过该指定消除或显著减少会计错配。该指定一经做出,不得撤销。例如,某些公共事业企业通常会有大量需要进行交割的能源合同,这些合同属于企业按照预定的购买、销售或使用要求签订并持有旨在收取或交付非金融项目的合同。企业通常使用能源衍生工具对此类合同进行套期。通过选择将实物交割合同指定为以公允价值计量且其变动计入当期损益的金融资产或金融负债,将能够消除会计错配,从而无需采用套期会计。

(三) 属于本准则范围的贷款承诺

贷款承诺,是指按照预先规定的条款和条件提供信用的确定承诺。本准则适用于下列贷款承诺:

1. 企业指定为以公允价值计量且其变动计入当期损益的金融负债的贷款承诺。

2. 能够以现金或者通过交付或发行其他金融工具净额结算的贷款承诺。此类贷款承诺属于衍生工具。企业不得仅仅因为相关贷款将分期拨付(如按工程进度分期拨付的按揭建造贷款)而将该贷款承诺视为以净额结算。

3. 如果企业存在先例,在贷款承诺形成贷款资产后随即将该资产出售(即等同于以净额结算贷款承诺),则企业所有的同类贷款承诺均应适用本准则。

4. 以低于市场利率贷款的贷款承诺。

所有贷款承诺均适用本准则关于终止确认的规定。企业作为贷款承诺发行方的,还适用本准则关于减值的规定。同时,所有贷款承诺均应当按照《企业会计准则第 37 号——金融工具列报》的有关要求进行列报。

四、关于应设置的会计科目

企业应当按照本准则的规定对金融资产和金融负债进行会计处理，全面反映金融工具对其财务报告的影响。企业在不违反会计准则中确认、计量和报告规定的前提下，可以根据实际情况自行增设、分拆、合并或简化会计科目。企业按照本准则规定进行会计处理，可以根据需要设置以下主要科目（有关账务处理参见后文举例）：

1. "银行存款"。本科目核算以摊余成本计量的、企业存入银行或其他金融机构的各种款项。

2. "其他货币资金"。本科目核算以摊余成本计量的、企业的银行汇票存款、银行本票存款、信用卡存款、信用证保证金存款、存出投资款、外埠存款等其他货币资金。

3. "交易性金融资产"。本科目核算企业分类为以公允价值计量且其变动计入当期损益的金融资产。本科目可按金融资产的类别和品种，分别"成本""公允价值变动"等进行明细核算。企业持有的指定为以公允价值计量且其变动计入当期损益的金融资产可在本科目下单设"指定类"明细科目核算。衍生金融资产在"衍生工具"科目核算。

4. "买入返售金融资产"。本科目核算以摊余成本计量的、企业（金融）按返售协议约定先买入再按固定价格返售给卖出方的票据、证券、贷款等金融资产所融出的资金。

5. "应收票据"。本科目核算以摊余成本计量的、企业因销售商品、提供劳务等而收到的商业汇票，包括银行承兑汇票和商业承兑汇票。

6. "应收账款"。本科目核算以摊余成本计量的、企业因销售商品、提供劳务等日常活动应收取的款项。

7. "应收利息"。本科目核算企业发放的贷款、各类债权投资、存放中央银行款项、拆出资金、买入返售金融资产等应收取的利息。企业购入的一次还本付息的债权投资持有期间取得的利息，在"债权投资"科目核算。

8. "其他应收款"。本科目核算分类为以摊余成本计量的、企业除存出保证金、买入返售金融资产、应收票据、应收账款、预付账款、应收股利、应收利息、应收代位追偿款、应收分保账款、应收分保未到期责任准备金、应收分保保险责任准备金、长期应收款等经营活动以外的其他各种应收、暂付的款项。

9. "坏账准备"。本科目核算企业以摊余成本计量的应收款项等金融资产以预期信用损失为基础计提的损失准备。

10. "贷款"。本科目核算以摊余成本计量的、企业（银行）按规定发放的各种客户贷款，包括质押贷款、抵押贷款、保证贷款、信用贷款等。

11. "贷款损失准备"。本科目核算企业（银行）以摊余成本计量的贷款以预期信用损失为基础计提的损失准备。计提贷款损失准备的资产包括客户贷款、拆出资金、贴现资产、银团贷款、贸易融资、协议透支、信用卡透支、转贷款和垫款等。

企业（保险）的保户质押贷款计提的减值准备，也在本科目核算。

企业（典当）的质押贷款、抵押贷款计提的减值准备，也在本科目核算。

12. 将"1501 持有至到期投资"科目改为"1501 债权投资"。本科目核算企业以摊余成本计量的债权投资的账面余额。本科目可按债权投资的类别和品种，分别"面值""利息调整""应计利息"等进行明细核算。

13. 将"1502 持有至到期投资减值准备"科目改为"1502 债权

投资减值准备"。本科目核算企业以摊余成本计量的债权投资以预期信用损失为基础计提的损失准备。

14. "1503 其他债权投资"。本科目核算企业按照本准则第十八条分类为以公允价值计量且其变动计入其他综合收益的金融资产。本科目可按金融资产类别和品种,分别"成本""利息调整""公允价值变动"等进行明细核算。

15. "1504 其他权益工具投资"。本科目核算企业指定为以公允价值计量且其变动计入其他综合收益的非交易性权益工具投资。本科目可按其他权益工具投资的类别和品种,分别"成本""公允价值变动"等进行明细核算。

16. "交易性金融负债"。本科目核算企业承担的交易性金融负债。本科目可按金融负债类别,分别"本金""公允价值变动"等进行明细核算。企业持有的指定为以公允价值计量且其变动计入当期损益的金融负债可在本科目下单设"指定类"明细科目核算。衍生金融负债在"衍生工具"科目核算。

17. "应付票据"。本科目核算企业以摊余成本计量的购买材料、商品和接受劳务供应等而开出、承兑的商业汇票,包括银行承兑汇票和商业承兑汇票。

18. "应付账款"。本科目核算企业以摊余成本计量的因购买材料、商品和接受劳务供应等经营活动应支付的款项。企业(金融)应支付但尚未支付的手续费和佣金,可将本科目改为"应付手续费及佣金"科目,并按照对方单位(或个人)进行明细核算。企业(保险)应支付但尚未支付的赔付款项,可将本科目改为"应付赔付款"科目,并按照保险受益人进行明细核算。

19. "长期借款"。本科目核算企业以摊余成本计量的向银行或其他金融机构借入的期限在1年以上(不含1年)的各项借款。本科目可按贷款单位和贷款种类,分别"本金""利息调整""应计利息"等进行明细核算。

20. "应付债券"。本科目核算企业以摊余成本计量的为筹集资金而发行的债券本金和利息。本科目可按"面值""利息调整""应计利息"等进行明细核算。

21. "应付利息"。本科目核算企业按照合同约定应支付的利息，包括吸收存款、分期付息到期还本的长期借款、企业债券等应支付的利息。本科目可按存款人或债权人进行明细核算。

22. "衍生工具"。本科目核算企业衍生工具的公允价值及其变动形成的衍生金融资产或衍生金融负债。作为套期工具的衍生工具不在本科目核算。

23. "6702 信用减值损失"。本科目核算企业计提本准则要求的各项金融工具减值准备所形成的预期信用损失。

24. "其他综合收益——信用减值准备"。本明细科目核算企业按照本准则第十八条分类为以公允价值计量且其变动计入其他综合收益的金融资产以预期信用损失为基础计提的损失准备。

五、关于金融资产和金融负债的确认和终止确认

(一) 金融资产和金融负债确认条件

企业成为金融工具合同的一方时,应当确认一项金融资产或金融负债。根据此确认条件,企业应将本准则范围内的衍生工具合同形成的权利或义务,确认为金融资产或金融负债。但是,如果衍生工具涉及金融资产转移,且导致该金融资产转移不符合终止确认条件,则不应将其确认,否则会导致衍生工具形成的权利或义务被重复确认(参见金融资产转移准则指南)。

企业确认金融资产或金融负债的常见情形如下:

1. 当企业成为金融工具合同的一方,并因此拥有收取现金的权利或承担支付现金的义务时,应将无条件的应收款项或应付款项确认为金融资产或金融负债。

2. 因买卖商品或劳务的确定承诺而将获得的资产或将承担的负债,通常直到至少合同一方履约才予以确认。例如,收到订单的企业通常不在承诺时确认一项资产(发出订单的企业也不在承诺时确认一项负债),而是直到所订购的商品或劳务已装运、交付或提供时才予以确认。若买卖非金融项目的确定承诺适用本准则,则该承诺的公允价值净额(若不为零)应在承诺日确认为一项资产或负债。此外,如果以前未确认的确定承诺被指定为公允价值套期中的被套期项目,在套期开始之后,归属于被套期风险的公允价值变动应当确认为一项资产或负债。

3. 适用本准则的远期合同,企业应在成为远期合同的一方时(承诺日而不是结算日),确认一项金融资产或金融负债。当企业成为远期合同的一方时,权利和义务的公允价值通常相等,因此该远

期合同的公允价值净额为零。如果权利和义务的公允价值净额不为零，则该合同应被确认为一项金融资产或金融负债。

4. 适用本准则的期权合同，企业应在成为该期权合同的一方时，确认一项金融资产或金融负债。

此外，当企业尚未成为合同一方时，即使企业已有计划在未来交易，不管其发生的可能性有多大，都不是企业的金融资产或金融负债。

（二）关于以常规方式购买或出售金融资产

以常规方式购买或出售金融资产，是指企业按照合同规定购买或出售金融资产，并且该合同条款规定，企业应当根据通常由法规或市场惯例所确定的时间安排来交付金融资产。如果合同规定或允许对合同价值变动进行净额结算，该合同通常不是以常规方式购买或出售的合同，企业应将其作为衍生工具处理。证券交易所、银行间市场、外汇交易中心等市场发生的证券、外汇买卖交易，通常采用常规方式。

以常规方式买卖金融资产，应当按交易日会计进行确认和终止确认。交易日是指企业承诺买入或者卖出金融资产的日期。交易日会计的处理原则包括：（1）在交易日确认将于结算日取得的资产及承担的负债；（2）在交易日终止确认将于结算日交付的金融资产并确认处置利得或损失，同时确认将于结算日向买方收取的款项。上述交易形成资产和负债的相关利息，通常应于结算日所有权转移后开始计提并确认。

（三）金融资产的终止确认

金融资产终止确认，是指企业将之前确认的金融资产从其资产负债表中予以转出。金融资产满足下列条件之一的，应当终止确认：

1. 收取该金融资产现金流量的合同权利终止。例如，企业买入一项期权，企业直到期权到期日仍未行权，那么企业在合同权利到期后应当终止确认该期权形成的金融资产。

2. 该金融资产已转移，且该转移满足《企业会计准则第23号——金融资产转移》关于金融资产终止确认的规定。

以下情形也会导致金融资产的终止确认：

1. 合同的实质性修改。企业与交易对手方修改或者重新议定合同而且构成实质性修改的，将导致企业终止确认原金融资产，同时按照修改后的条款确认一项新金融资产。

2. 核销。本准则第四十三条规定，当企业合理预期不再能够全部或部分收回金融资产合同现金流量时，应当直接减记该金融资产的账面余额。这种减记构成相关金融资产的终止确认。

（四）金融负债的终止确认

金融负债终止确认，是指企业将之前确认的金融负债从其资产负债表中予以转出。本准则规定，金融负债（或其一部分）的现时义务已经解除的，企业应当终止确认该金融负债（或该部分金融负债）。

【例5】甲企业因购买商品于2×18年3月1日确认了一项应付账款1 000万元。按合同约定，甲企业于2×18年4月1日支付银行存款1 000万元解除了相关现时义务，为此，甲企业应将应付账款1 000万元终止确认。如果按合同约定，该货款应于2×18年4月1日、4月30日分两次等额清偿。那么，甲企业应在4月1日支付银行存款500万元时，终止确认应付账款500万元，在4月30日支付剩余的货款500万元时终止确认剩余的应付账款500万元。

出现以下两种情况之一时，金融负债（或其一部分）的现时义务已经解除：

五、关于金融资产和金融负债的确认和终止确认

1. 债务人通过履行义务（如偿付债权人）解除了金融负债（或其一部分）的现时义务。债务人通常使用现金、其他金融资产等方式偿债。

2. 债务人通过法定程序（如法院裁定）或债权人（如债务豁免），合法解除了债务人对金融负债（或其一部分）的主要责任。

企业在判断金融负债现时义务的解除时应注意以下情形：

1. 企业将用于偿付金融负债的资产转入某个机构或设立信托，偿付债务的义务仍存在的，不应当终止确认该金融负债，也不能终止确认转出的资产。也就是说，虽然企业已为金融负债设立了"偿债基金"，但金融负债对应的债权人仍然拥有全额追索的权利时，不能认为企业的相关现时义务已解除，从而不能终止确认金融负债。

2. 企业（借入方）与借出方之间签订协议，以承担新金融负债方式替换原金融负债（或其一部分），且合同条款实质上不同的，企业应当终止确认原金融负债（或其一部分），同时确认一项新金融负债。其中，"实质上不同"是指按照新的合同条款，金融负债未来现金流量（包括支付和收取的任何费用）现值与原金融负债的剩余期间现金流量现值之间的差异至少相差10%。有关现值的计算均采用原金融负债的实际利率。

3. 如果一项债务工具的发行人回购了该工具，即使该发行人是该工具的做市商或打算在近期将其再次出售，企业（发行人）应当终止确认该债务工具。

金融负债（或其一部分）终止确认的，企业应当将其账面价值与支付的对价（包括转出的非现金资产或承担的负债）之间的差额，计入当期损益。在某些情况下，债权人解除了债务人对金融负债的主要责任，但要求债务人提供担保（承诺在合同主要责任方拖欠时进行支付）的，债务人应当以其担保义务的公允价值为基础确认一项新的金融负债，并按支付的价款加上新金融负债公允价值之和与

原金融负债账面价值的差额确认利得和损失。

企业回购金融负债一部分的,应当在回购日按照继续确认部分和终止确认部分各自的公允价值占整体公允价值的比例,对该金融负债整体的账面价值进行分配。分配给终止确认部分的账面价值与支付的对价(包括转出的非现金资产或承担的负债)之间的差额,应当计入当期损益。

六、关于金融资产的分类

金融资产的分类是确认和计量的基础。企业应当根据其管理金融资产的业务模式和金融资产的合同现金流量特征,将金融资产划分为以下三类:(1)以摊余成本计量的金融资产;(2)以公允价值计量且其变动计入其他综合收益的金融资产;(3)以公允价值计量且其变动计入当期损益的金融资产。上述分类一经确定,不得随意变更。

(一)关于企业管理金融资产的业务模式

1. 业务模式评估。

企业管理金融资产的业务模式,是指企业如何管理其金融资产以产生现金流量。业务模式决定企业所管理金融资产现金流量的来源是收取合同现金流量、出售金融资产还是两者兼有。

企业确定其管理金融资产的业务模式时,应当注意以下方面:

(1)企业应当在金融资产组合的层次上确定管理金融资产的业务模式,而不必按照单个金融资产逐项确定业务模式。金融资产组合的层次应当反映企业管理该金融资产的层次。有些情况下,企业可能将金融资产组合分拆为更小的组合,以合理反映企业管理该金融资产的层次。例如,企业购买一个抵押贷款组合,以收取合同现金流量为目标管理该组合中的一部分贷款,以出售为目标管理该组合中的其他贷款。

(2)一个企业可能会采用多个业务模式管理其金融资产。例如,企业持有一组以收取合同现金流量为目标的投资组合,同时还持有另一组既以收取合同现金流量为目标又以出售该金融资产为目标的投资组合。

（3）企业应当以企业关键管理人员决定的对金融资产进行管理的特定业务目标为基础，确定管理金融资产的业务模式。其中，"关键管理人员"是指《企业会计准则第36号——关联方披露》中定义的关键管理人员。

（4）企业的业务模式并非企业自愿指定，而是一种客观事实，通常可以从企业为实现其目标而开展的特定活动中得以反映。企业应当考虑在业务模式评估日可获得的所有相关证据，包括企业评价和向关键管理人员报告金融资产业绩的方式、影响金融资产业绩的风险及其管理方式以及相关业务管理人员获得报酬的方式（例如报酬是基于所管理资产的公允价值还是所收取的合同现金流量）等。

（5）企业不得以按照合理预期不会发生的情形为基础确定管理金融资产的业务模式。例如，对于某金融资产组合，如果企业预期仅会在压力情形下将其出售，且企业合理预期该压力情形不会发生，则该压力情形不得影响企业对该类金融资产的业务模式的评估。

此外，如果金融资产实际现金流量的实现方式不同于评估业务模式时的预期，只要企业在评估业务模式时已经考虑了当时所有可获得的相关信息，这一差异不构成企业财务报表的前期差错，也不改变企业在该业务模式下持有的剩余金融资产的分类。但是，企业在评估新的金融资产的业务模式时，应当考虑这些信息。

2. 以收取合同现金流量为目标的业务模式。

在以收取合同现金流量为目标的业务模式下，企业管理金融资产旨在通过在金融资产存续期内收取合同付款来实现现金流量，而不是通过持有并出售金融资产产生整体回报。

尽管企业持有金融资产是以收取合同现金流量为目标，但是企业无须将所有此类金融资产持有至到期。因此，即使企业出售金融资产或者预计未来会出售金融资产，此类金融资产的业务模式仍然可能是以收取合同现金流量为目标。企业在评估金融资产是否属于该业务模式时，应当考虑此前出售此类资产的原因、时间、频率和出售的价值，以及对未来出售的预期。但是，此前出售资产的事实只是为企业提供相关依据，而不能决定业务模式。

在以收取合同现金流量为目标的业务模式下，金融资产的信用质量影响着企业收取合同现金流量的能力。为减少因信用恶化所导致的潜在信用损失而进行的风险管理活动与以收取合同现金流量为目标的业务模式并不矛盾。因此，即使企业在金融资产的信用风险增加时为减少信用损失而将其出售，金融资产的业务模式仍然可能是以收取合同现金流量为目标的业务模式。

如果企业在金融资产到期日前出售金融资产，即使与信用风险管理活动无关，在出售只是偶然发生（即使价值重大），或者单独及汇总而言出售的价值非常小（即使频繁发生）的情况下，金融资产的业务模式仍然可能是以收取合同现金流量为目标。如果企业能够解释出售的原因并且证明出售并不反映业务模式的改变，出售频率或者出售价值在特定时期内增加不一定与以收取合同现金流量为目标的业务模式相矛盾。此外，如果出售发生在金融资产临近到期时，且出售所得接近待收取的剩余合同现金流量，金融资产的业务模式仍然可能是以收取合同现金流量为目标。

【例6】甲企业购买了一个贷款组合，且该组合中包含已发生信用减值的贷款。如果贷款不能按时偿付，甲企业将通过各种方式尽可能实现合同现金流量，例如通过邮件、电话或其他方法与借款人联系催收。同时，甲企业签订了一项利率互换合同，将贷款组合的利率由浮动利率转换为固定利率。

本例中，甲企业管理该贷款组合的业务模式是以收取合同现金流量为目标。即使甲企业预期无法收取全部合同现金流量（部分贷款已发生信用减值），但并不影响其业务模式。此外，该企业签订利率互换合同也不影响该贷款组合的业务模式。

【例7】甲银行向客户发放贷款，并随后向资产证券化专项计划（结构化主体）出售，然后由专项计划向投资者发行资产支持证券。甲银行控制资产证券化专项计划，并将其纳入合并财务报表范围。专项计划收取贷款的合同现金流量，并将该现金流量转付给其投资者。假定专项计划未终止确认作为基础资产的贷款，因此甲银行合并财务报表中继续确认此贷款。

从甲银行合并财务报表角度来看，发放贷款的目标是持有该贷款以收取合同现金流量。从甲银行个别财务报表角度来看，发放贷款的目标不是收取合同现金流量，而是向专项计划出售。

3. 以收取合同现金流量和出售金融资产为目标的业务模式。

在同时以收取合同现金流量和出售金融资产为目标的业务模式下，企业的关键管理人员认为收取合同现金流量和出售金融资产对于实现其管理目标而言都是不可或缺的。例如，企业的目标是管理日常流动性需求同时维持特定的收益率，或将金融资产的存续期与相关负债的存续期进行匹配。

与以收取合同现金流量为目标的业务模式相比，此业务模式涉及的出售通常频率更高、金额更大。因为出售金融资产是此业务模式的目标之一，在该业务模式下不存在出售金融资产的频率或者价值的明确界限。

【例8】甲银行持有金融资产组合以满足其每日流动性需求。甲银行为了降低其管理流动性需求的成本，高度关注该金融资产组合的回报，包括收取的合同现金流量和出售金融资产的利得或损失。

本例中，甲银行管理该金融资产组合的业务模式以收取合同现金流量和出售金融资产为目标。

【例9】甲保险公司持有金融资产组合，为偿付保险合同负债提供资金。甲保险公司用金融资产的合同现金流量收入偿付到期的保险合同负债。为确保来自金融资产的合同现金流量足以偿付保险合同负债，甲保险公司定期进行重大的购买和出售金融资产的活动，以不断平衡其资产组合，并满足偿付保险合同负债所需的现金流量。

本例中，甲保险公司管理该金融资产组合的业务模式以收取合同现金流量和出售金融资产为目标。

4. 其他业务模式。

如果企业管理金融资产的业务模式不是以收取合同现金流量为目标，也不是以收取合同现金流量和出售金融资产为目标，则该企业管理金融资产的业务模式是其他业务模式。例如，企业持有金融资产的目的是交易性的或者基于金融资产的公允价值作出决策并对其进行管理。在这种情况下，企业管理金融资产的目标是通过出售金融资产以实现现金流量。即使企业在持有金融资产的过程中会收取合同现金流量，企业管理金融资产的业务模式也不是以收取合同现金流量和出售金融资产为目标，因为收取合同现金流量对实现该业务模式目标来说只是附带性质的活动。

同样，对于本准则第二十二条（二）"以公允价值基础对金融负债组合或金融资产和金融负债组合进行管理和业绩评价"中涉及的金融资产，企业重点关注其公允价值信息，利用公允价值信息来评估相关金融资产的业绩并进行决策。企业管理这些金融资产的业务模式，不是以收取合同现金流量为目标，也不是以收取合同现金流量和出售金融资产为目标。

（二）关于金融资产的合同现金流量特征

金融资产的合同现金流量特征，是指金融工具合同约定的、反映相关金融资产经济特征的现金流量属性。分类为本准则第十七条和第十八条规范的金融资产，其合同现金流量特征应当与基本借贷安排相一致，即相关金融资产在特定日期产生的合同现金流量仅为对本金和以未偿付本金金额为基础的利息的支付（以下简称"本金加利息的合同现金流量特征")。无论金融资产的法律形式是否为一项贷款,都可能是一项基本借贷安排。

1. 金融资产本金和利息的含义。

本金是指金融资产在初始确认时的公允价值,本金金额可能因提前还款等原因在金融资产的存续期内发生变动;利息包括对货币时间价值、与特定时期未偿付本金金额相关的信用风险、以及其他基本借贷风险、成本和利润的对价。企业应当使用金融资产的计价货币来评估金融资产的合同现金流量特征。此外,如果一项贷款具有完全追索权并有抵押品作为担保,该事实并不影响企业对其合同现金流量特征的评估。

在基本借贷安排中,利息的构成要素中最重要的通常是货币时间价值和信用风险的对价。例如,甲银行有一项支付逆向浮动利率(即贷款利率与市场利率呈负相关关系)的贷款,则该贷款的利息金额不是以未偿付本金金额为基础的货币时间价值的对价,所以其不符合本金加利息的合同现金流量特征。又如,甲企业持有一项具有固定到期日的美元债券,债券本金和利息的支付与美国的通胀指数挂钩。该债权投资未利用杠杆,而且对合同的本金进行保护。利息的支付与非杠杆的通胀指数挂钩,实质上将货币时间价值重设为当前水平,债券的利率反映的是考虑通胀影响的真实利率。因此,利息金额是以未偿付本金金额为基础的货币时间价值的对价。

利息还可包括与特定时期内持有的金融资产相关的其他基本借贷风险(如流动性风险)和成本(如管理费用)的对价。此外,利息也可包括与基本借贷安排相一致的利润率。在某些极端经济环境下,利息可能是负值。例如,金融资产的持有人在特定期间内为保证资金安全而支付费用,且支付的费用超过了持有人按照货币时间价值、信用风险及其他基本借贷风险和成本所收取的对价。

但是,如果金融资产合同中包含与基本借贷安排无关的合同现金流量风险敞口或波动性敞口（例如权益价格或商品价格变动敞口）的条款，则此类合同不符合本金加利息的合同现金流量特征。例如，甲企业持有一项可转换成固定数量的发行人权益工具的债券，则该债券不符合本金加利息的合同现金流量特征，因为其回报与发行人的权益价值挂钩。又如，如果贷款的利息支付金额与涉及债务人业绩的一些变量（如债务人的净收益）挂钩或者与权益指数挂钩，则该贷款不符合本金加利息的合同现金流量特征。

【例10】甲企业持有一项具有固定到期日且支付浮动市场利率的债券。合同规定了利率浮动的上限。

对于固定利率或浮动利率特征的金融工具，只要利息反映了对货币时间价值、与特定时期未偿付本金金额相关的信用风险、以及其他基本借贷风险、成本和利润的对价，则其符合本金加利息的合同现金流量特征。本例中，合同条款设定利率上限，可以看作是固定利率和浮动利率相结合的工具，通过合同设定利率上限可能降低合同现金流量的波动性。

2. 修正的货币时间价值。

货币时间价值是利息要素中仅因为时间流逝而提供对价的部分，不包括为所持有金融资产的其他风险或成本提供的对价，但货币时间价值要素有时可能存在修正。在货币时间价值要素存在修正的情况下，企业应当对相关修正进行评估，以确定金融资产是否符合本金加利息的合同现金流量特征。企业可以通过定性或者定量的方式进行评估并作出判断。如果企业经过简单分析即可清晰评估并作出判断，则企业可以通过定性方式进行评估而无需进行详细的定量分析。

修正的货币时间价值要素评估的目标，是确定未折现合同现金流量与假如未对货币时间价值要素进行修正的情形下未折现的合同现金流量（基准现金流量）之间的差异。例如合同约定金融资产的利率定期重设,但重设的频率与利率的期限并不匹配。假设一项金融资产包含每月重设为 1 年期利率的浮动利率条款,则企业每月应收的利息实际上反映了未来 12 个月货币时间价值的平均数,而非当月的货币时间价值(例如,如果在之后 11 个月的期间合同利率逐月提高,则各月货币时间价值的平均数将高于当月的货币时间价值)。也就是说,按合同计算的利息是对实际货币时间价值的修正。这种情况下企业可将该金融资产与具有相同合同条款和相同信用风险的、但浮动利率为每月重设为 1 个月利率的金融工具的合同现金流量(基准现金流量)进行比较。如果两个现金流量存在显著差异,那么该金融资产不符合本金加利息的合同现金流量特征。在进行上述评估时,企业必须考虑修正的货币时间价值在每一报告期间的影响以及在金融工具整个存续期内的累积影响。

在评估修正的货币时间价值时,企业应当考虑可能影响未来合同现金流量的因素。例如,企业持有一项 5 年期债券,该债券的浮动利率每 6 个月重设为 5 年期利率。企业评估当时的利率曲线发现 5 年期利率与 6 个月利率之间不存在显著差异,企业不得简单地得出结论认为其符合本金加利息的合同现金流量特征。企业应当同时考虑 5 年期利率与 6 个月利率之间的关系在债券存续期内会如何变化,是否可能导致债券存续期内未折现合同现金流量与未折现基准现金流量存在显著差异。但是,企业仅需要考虑合理的可能发生的情形,而无须考虑所有可能的情形。

有时,出于宏观经济管理或产业政策考虑等原因,政府监管部门设定某些利率或利率调整等浮动区间。在此情形下,货币时间价值要素虽然有可能不单纯是时间流逝的对价,但如果利率所提供的对价与时间流逝大致相符且并未导致与基本借贷安排不一致的合同现金流量风险敞口或波动性敞口,那么具有该利率的金融资产应当视为符合本金加利息的合同现金流量特征。

3. 导致合同现金流量的时间分布或金额变更的合同条款。

金融资产包含可能导致其合同现金流量的时间分布或金额变更的合同条款的（如包含可提前还款或者可展期特征），企业应当对相关条款进行评估（如评估提前还款特征的公允价值是否非常小），以确定该金融资产是否符合本金加利息的合同现金流量特征。

在进行上述评估时，企业应当同时评估变更之前和之后可能产生的合同现金流量。企业还可评估导致合同现金流量的时间分布或金额变更的所有或有事项（即触发事件）的性质。例如，合同规定当债务人拖欠的款项达到特定金额时，利率将重设为较高利率；或者当指定的权益指数达到特定水平时，利率将重设为较高利率。在对上述两种金融资产的合同现金流量特征进行评估和比较时，考虑或有事项的性质可在一定程度上为评估其合同现金流量特征提供参考。考虑到根据累计拖欠的金额调整利率可能是为了反映信用风险的增加，而指定的权益指数变化与基本借贷安排无关，因此债务人拖欠的款项达到特定金额时利率上浮的情形更有可能符合本金加利息的合同现金流量特征。

通常情况下，下列涉及合同现金流量的时间分布或金额变更的合同条款，符合本金加利息的合同现金流量特征：

（1）浮动利率包含对货币时间价值、与特定时期未偿付本金金额相关的信用风险（对信用风险的对价可能仅在初始确认时确定，因此可能是固定的）、其他基本借贷风险、成本和利润的对价。

（2）合同条款允许发行人（即债务人）在到期前提前偿付债务，或者允许持有人（即债权人）在到期前将债务工具卖回给发行人，而且这些提前偿付的金额实质上反映了尚未支付的本金及以未偿付本金金额为基础的利息，其中可能包括因提前终止合同而支付或收取的合理补偿。

（3）合同条款允许发行人或持有人延长债务工具的合同期限

（即展期选择权），并且展期选择权条款导致展期期间的合同现金流量仅为对本金及以未偿付本金金额为基础的利息的支付，其中可能包含为合同展期而支付的合理的额外补偿。

对于企业以溢价或折价购入或源生的、且具有提前偿付特征的债务工具，如果同时满足下列条件，则其符合本金加利息的合同现金流量特征：

（1）提前偿付金额实质上反映了合同面值和已计提但尚未支付的合同利息，其中可能包括因提前终止合同而支付或收取的合理补偿。

（2）在企业初始确认该金融资产时，提前偿付特征的公允价值非常小。

【例11】甲企业向客户出售汽车时以低于现行市场利率的利率向客户提供融资作为营销激励。由于甲企业提供的利率低于市场利率，该金融资产的初始入账价值将是合同面值的折价。根据合同约定，客户有权在合同到期前的任一时点以合同面值提前偿还该债务。对于客户来说该融资具有优势（利率低于市场利率），不太可能会选择提前偿付，导致该金融资产提前偿付特征的公允价值非常小。在此情况下，该金融资产符合本金加利息的合同现金流量特征。

【例12】某金融工具是一项永续工具，按市场利率支付利息，发行人可自主决定在任一时点回购该工具，并向持有人支付面值和累计应付利息。如果发行人无法保持后续偿付能力，可以不支付该工具利息，而且递延利息不产生额外孳息。

本例中，该工具不符合本金加利息的合同现金流量特征。但是，如果该工具的合同条款要求对递延利息的金额计息，则其可能符合本金加利息的合同现金流量特征。

需要注意的是，仅因为该工具是永续工具并不能判定其不符合本金加利息的合同现金流量特征。永续工具可视为具有连续性的多项展期选择权。如果利息支付具有强制性且必须永久性支付，则可

六、关于金融资产的分类

能导致其符合本金加利息的合同现金流量特征。

同样，仅因为该工具可赎回并不能判定其不符合本金加利息的合同现金流量特征。即使赎回金额中包含因提前终止该工具而对持有人做出合理补偿的金额，其也有可能符合本金加利息的合同现金流量特征。

4. 合同挂钩工具。

在一些交易中，发行人可利用多个合同挂钩工具来安排向金融资产持有人付款的优先劣后顺序（分级）。对于某一分级的金融资产持有人来说，仅当发行人取得足够的现金流量以满足更优先级的支付时，此类工具的持有人才有权取得对本金和未偿付本金的利息的偿付。当同时符合下列条件时，企业持有的某一分级的金融资产才符合本金加利息的合同现金流量特征：

（1）分级的合同条款（在未穿透基础资产的情况下），产生的现金流量仅为对本金和以未偿付本金金额为基础的利息的支付（例如该分级的利率未与商品价格指数挂钩）。

（2）基础资产包含一个或多个符合本金加利息的合同现金流量特征的工具（以下称基础工具）。这里的基础资产，是指穿透到最底层的、源生现金流量而非过手现金流量的资产。

（3）该分级所承担的基础资产的信用风险，等于或小于基础资产本身的信用风险。例如，分级的信用评级等于或高于假设发行单一工具（不分级），该工具所得到的信用评级。

基础资产中除基础工具外，还可以有满足以下条件的其他工具：

（1）可以降低基础资产中基础工具现金流量波动性，并且当与基础工具相结合时，能够产生仅为对本金和以未偿付本金金额为基础的利息的支付的现金流量（例如，利率上限或下限，或者降低部分或全部基础工具的信用风险的合同）。

（2）可以协调各分级的合同现金流量与基础工具的现金流量，

以解决两者在利率（例如，分级的合同现金流量基于固定利率，而基础工具现金流量基于浮动利率）、计价货币（包括通货膨胀因素）以及现金流量的时间分布上的差异。

在执行上述评估时，企业可能无须针对基础资产中的具体每一项工具进行详尽分析。但是，企业必须运用判断并进行充分的分析，以确定基础资产中的工具是否满足上述条件（同时参照下文关于仅构成极其微小影响的合同现金流量特征的指引）。

如果某一分级的金融资产持有人在初始确认时无法按照上述条件进行评估，那么分级的金融资产应当分类为以公允价值计量且其变动计入当期损益的金融资产。如果在初始确认后基础资产可能发生变化，导致基础资产不满足上述条件的，那么分级的金融资产应当分类为以公允价值计量且其变动计入当期损益的金融资产。如果基础资产包含了有抵押物的工具，但抵押物不满足上述对基础资产的要求条件，企业不应当考虑该抵押物的影响，除非企业购买分级金融资产的目的是控制抵押物。

【例13】某资产证券化信托计划向投资者发行合同挂钩工具。资产支持证券划分为两层，分别为优先档和次级档，优先档的本息偿付次序优于次级档。该信托计划投资的基础资产的现金流量仅为对本金和以未偿付本金金额为基础的利息支付的贷款组合。优先档有明确的固定票息，而次级档无明确的票息，次级档的收益取决于基础资产的最终收益水平。该计划需将收到的贷款本金和利息回收款优先支付给优先档持有人，即待向优先档持有人按合同条款支付了相应的本金及收益后，才能将剩余的回收款支付给次级档持有人。

本例中，从优先档资产支持证券持有人的角度看，其分级的合同现金流量符合基本借贷安排。因为优先档本身及其基础资产均符合本金加利息的合同现金流量特征，且优先档的信用风险不高于基础资产的信用风险。从次级档资产支持证券持有人的角度看，其分级的合同现金流量不符合基本借贷安排。因为次级档本身不符合本金加利息的合同现金流量特征，且次级档承担了高于基础资产的信用风险。

5. 合同现金流量评估的其他特殊情形。

（1）某些金融资产的合同现金流量特征中包含杠杆因素，杠杆导致合同现金流量的变动性增加，不符合利息的经济特征。例如，期权、远期合同和互换合同等，均属于这种情况。因此，此类合同不符合本金加利息的合同现金流量特征。

（2）某些金融资产合同中使用本金和利息描述合同现金流量，但此类合同可能并不符合本金加利息的合同现金流量特征。如果金融资产代表对特定资产或现金流量的投资，则可能属于这种情况。

例如，借款合同规定，随着使用特定收费公路的车辆数目增多，借款合同的利息将增加，此合同产生了与基本借贷安排无关的合同现金流量风险敞口，因此该金融资产不符合本金加利息的合同现金流量特征。

又如，某些合同使用本金和利息描述合同现金流量，但债权人的索偿要求仅限于债务人的特定资产或产生于特定资产的现金流量，此类合同可能不符合本金加利息的合同现金流量特征。然而，债权人的索偿要求仅限于债务人的特定资产或基于特定资产的现金流量并不一定会导致金融资产不符合本金加利息的合同现金流量特征。企业需要对特定的基础资产或其现金流量进行评估（即穿透），以确定待分类的金融资产是否符合本金加利息的合同现金流量特征。如果金融资产的合同条款产生了其他现金流量，或者以一种与代表本金和利息的支付不一致的方式限制了现金流量，则该金融资产不符合本金加利息的合同现金流量特征。

无论基础资产为金融资产或非金融资产，均不会影响合同现金流量评估。在某些情况下，企业可能无法了解基础资产的具体情况（如投资的具体组成、期限、条款等），因而无法对特定的基础资产或其现金流量进行评估，则企业无法确定待分类的金融资产是否符合本金加利息的合同现金流量特征。

（3）在一般的借款合同中，通常都会规定债权人持有的金融工具相对于债务人的其他债权人持有的工具的优先劣后顺序。对于劣后于其他工具的工具，如果债务人不付款构成违约，并且即使在债务人破产的情况下债权人也拥有收取本金及以未偿付本金金额为基础的利息的合同权利，则该工具可能符合本金加利息的合同现金流量特征。反之，如果次级特征以任何方式限制了合同现金流量或产生了任何形式的其他现金流量，则该工具不符合本金加利息的合同现金流量特征。例如，某企业持有一笔被列为普通债权的应收账款。如果其债务人还有一笔贷款，且该贷款存在抵押物，从而使得债务人破产时其贷款方可优先于普通债权人索偿（但并不影响一般债权人收取尚未支付的本金和其他应付金额的合同权利），则该应收账款也可能符合本金加利息的合同现金流量特征。

（4）如果合同现金流量特征仅对金融资产的合同现金流量构成极其微小的影响，则不会影响金融资产的分类。要作出此判断，企业必须考虑合同现金流量特征在每一会计期间的潜在影响以及在金融工具整个存续期内的累积影响。此外，如果合同现金流量特征（无论某一会计期间还是整个存续期）对合同现金流量的影响超过了极其微小的程度，企业应当进一步判断该现金流量特征是否是不现实的。如果现金流量特征仅在极端罕见、显著异常且几乎不可能的事件发生时才影响该工具的合同现金流量，那么该现金流量特征是不现实的。如果该现金流量特征不现实，则不影响金融资产的分类。

（三）金融资产的具体分类

1. 以摊余成本计量的金融资产。

金融资产同时符合下列条件的，应当分类为以摊余成本计量的金融资产：

（1）企业管理该金融资产的业务模式是以收取合同现金流量为目标。

（2）该金融资产的合同条款规定，在特定日期产生的现金流量，仅为对本金和以未偿付本金金额为基础的利息的支付。

例如，银行向企业客户发放的固定利率贷款，在没有其他特殊安排的情况下，贷款通常可能符合本金加利息的合同现金流量特征。如果银行管理该贷款的业务模式是以收取合同现金流量为目标，则该贷款可以分类为以摊余成本计量的金融资产。再如，普通债券的合同现金流量是到期收回本金及按约定利率在合同期间按时收取固定或浮动利息。在没有其他特殊安排的情况下，普通债券通常可能符合本金加利息的合同现金流量特征。如果企业管理该债券的业务模式是以收取合同现金流量为目标，则该债券可以分类为以摊余成本计量的金融资产。又如，企业正常商业往来形成的具有一定信用期限的应收账款，如果企业拟根据应收账款的合同现金流量收取现金，且不打算提前处置应收账款，则该应收账款可以分类为以摊余成本计量的金融资产。

2. 以公允价值计量且其变动计入其他综合收益的金融资产。

金融资产同时符合下列条件的，应当分类为以公允价值计量且其变动计入其他综合收益的金融资产：

（1）企业管理该金融资产的业务模式既以收取合同现金流量为目标又以出售该金融资产为目标。

（2）该金融资产的合同条款规定，在特定日期产生的现金流量，仅为对本金和以未偿付本金金额为基础的利息的支付。

【例14】甲企业在销售中通常会给予客户一定期间的信用期。为了盘活存量资产，提高资金使用效率，甲企业与银行签订应收账款无追索权保理总协议，银行向甲企业一次性授信10亿元人民币，甲企业可以在需要时随时向银行出售应收账款。历史上甲企业频繁向银行出售应收账款，且出售金额重大，上述出售满足金融资产终止确认的规定。

本例中，应收账款的业务模式符合"既以收取合同现金流量为目标又以出售该金融资产为目标"，且该应收账款符合本金加利息的合同现金流量特征，因此应当分类为以公允价值计量且其变动计入其他综合收益的金融资产。

3. 以公允价值计量且其变动计入当期损益的金融资产。

企业分类为以摊余成本计量的金融资产和以公允价值计量且其变动计入其他综合收益的金融资产之外的金融资产，应当分类为以公允价值计量且其变动计入当期损益的金融资产。例如，企业常见的下列投资产品通常应当分类为以公允价值计量且其变动计入当期损益的金融资产：

（1）股票。股票的合同现金流量源自收取被投资企业未来股利分配以及其清算时获得剩余收益的权利。由于股利及获得剩余收益的权利均不符合本准则关于本金和利息的定义，因此股票不符合本金加利息的合同现金流量特征。在不考虑本准则第十九条特殊指定的情况下，企业持有的股票应当分类为以公允价值计量且其变动计入当期损益的金融资产。

（2）基金。常见的股票型基金、债券型基金、货币基金或混合基金，通常投资于动态管理的资产组合，投资者从该类投资中所取得的现金流量既包括投资期间基础资产产生的合同现金流量，也包括处置基础资产的现金流量。基金一般情况下不符合本金加利息的合同现金流量特征。企业持有的基金通常应当分类为以公允价值计量且其变动计入当期损益的金融资产。

（3）可转换债券。可转换债券除按一般债权类投资的特性到期收回本金、获取约定利息或收益外，还嵌入了一项转股权。通过嵌入衍生工具，企业获得的收益在基本借贷安排的基础上，会产生基于其他因素变动的不确定性。根据本准则规定，企业持有的可转换债券不再将转股权单独分拆，而是将可转换债券作为一个整体进行评估，由于可转换债券不符合本金加利息的合同现金流量特征，企业持有的可转换债券投资应当分类为以公允价值计量且其变动计入当期损益的金融资产。

此外，在初始确认时，如果能够消除或显著减少会计错配，企业可以将金融资产指定为以公允价值计量且其变动计入当期损益的金融资产。该指定一经作出，不得撤销。

（四）金融资产分类的特殊规定

权益工具投资一般不符合本金加利息的合同现金流量特征，因此应当分类为以公允价值计量且其变动计入当期损益的金融资产。然而在初始确认时，企业可以将非交易性权益工具投资指定为以公允价值计量且其变动计入其他综合收益的金融资产，并按照本准则第六十五条规定确认股利收入。该指定一经作出，不得撤销。企业投资其他上市公司股票或者非上市公司股权的，都可能属于这种情形。

1. 关于"非交易性"和"权益工具投资"的界定。

金融资产或金融负债满足下列条件之一的，表明企业持有该金融资产或承担该金融负债的目的是交易性的：

（1）取得相关金融资产或承担相关金融负债的目的，主要是为了近期出售或回购。例如，企业以赚取差价为目的从二级市场购入的股票、债券和基金等，或者发行人根据债务工具的公允价值变动计划在近期回购的、有公开市场报价的债务工具。

（2）相关金融资产或金融负债在初始确认时属于集中管理的可辨认金融工具组合的一部分，且有客观证据表明近期实际存在短期获利模式。在这种情况下，即使组合中有某个组成项目持有的期限稍长也不受影响。其中,"金融工具组合"指金融资产组合或金融负债组合。

(3)相关金融资产或金融负债属于衍生工具。但符合财务担保合同定义的衍生工具以及被指定为有效套期工具的衍生工具除外。例如,未作为套期工具的利率互换或外汇期权。

只有不符合上述条件的非交易性权益工具投资才可以进行该指定。

此处权益工具投资中的"权益工具",是指对于工具发行方来说,满足《企业会计准则第37号——金融工具列报》(以下简称"金融工具列报准则")中权益工具定义的工具。例如,普通股对于发行方而言,满足权益工具定义,对于投资方而言,属于权益工具投资。

符合金融负债定义但是被分类为权益工具的特殊金融工具(包括可回售工具和发行方仅在清算时才有义务向另一方按比例交付其净资产的金融工具)本身并不符合权益工具的定义,因此从投资方的角度也就不符合指定为以公允价值计量且其变动计入其他综合收益的金融资产的条件。例如某些开放式基金,基金持有人可将基金份额回售给基金,该基金发行的基金份额并不符合权益工具的定义,只是按照金融工具列报准则符合列报为权益工具条件的可回售工具。这种情况下,投资人持有的该基金份额,不能指定为以公允价值计量且其变动计入其他综合收益的金融资产。

2. 基本会计处理原则。

初始确认时,企业可基于单项非交易性权益工具投资,将其指定为以公允价值计量且其变动计入其他综合收益的金融资产,其公允价值的后续变动计入其他综合收益,不需计提减值准备。除了获得的股利收入(明确作为投资成本部分收回的股利收入除外)计入当期损益外,其他相关的利得和损失(包括汇兑损益)均应当计入其他综合收益,且后续不得转入损益。当金融资产终止确认时,之前计入其他综合收益的累计利得或损失应当从其他综合收益中转出,计入留存收益。

需要注意的是,企业在非同一控制下的企业合并中确认的或有对价构成金融资产的,该金融资产应当分类为以公允价值计量且其变动计入当期损益的金融资产,不得指定为以公允价值计量且其变动计入其他综合收益的金融资产。

(五) 金融资产分类流程图

金融资产分类的流程总结如图 1 所示:

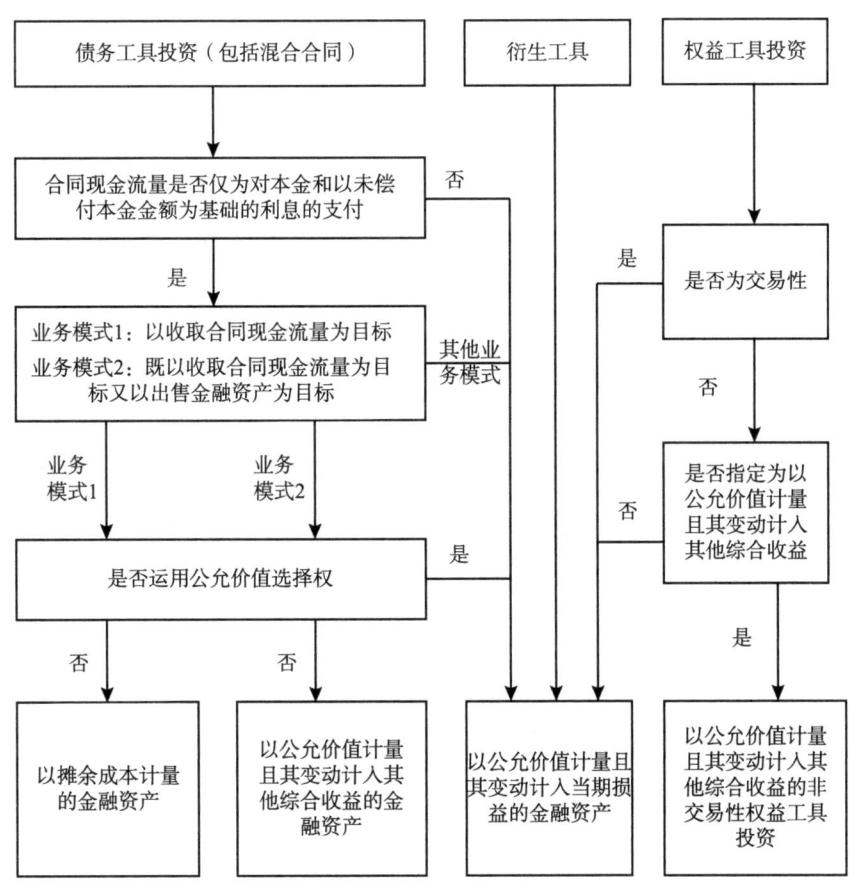

图 1 金融资产分类流程图

七、关于金融负债的分类

（一）金融负债的分类

除下列各项外，企业应当将金融负债分类为以摊余成本计量的金融负债：

1. 以公允价值计量且其变动计入当期损益的金融负债，包括交易性金融负债（含属于金融负债的衍生工具）和指定为以公允价值计量且其变动计入当期损益的金融负债。

2. 不符合终止确认条件的金融资产转移或继续涉入被转移金融资产所形成的金融负债。对此类金融负债，企业应当按照《企业会计准则第23号——金融资产转移》相关规定进行计量。

3. 不属于上述第1项或第2项情形的财务担保合同，以及不属于上述第1项的、以低于市场利率贷款的贷款承诺。企业作为此类金融负债发行方的，应当在初始确认后按照依据本准则第八章所确定的损失准备金额以及初始确认金额扣除依据《企业会计准则第14号——收入》相关规定所确定的累计摊销额后的余额孰高进行计量。

在非同一控制下的企业合并中，企业作为购买方确认的或有对价形成金融负债的，该金融负债应当按照以公允价值计量且其变动计入当期损益进行会计处理。

（二）公允价值选择权

在初始确认时，为了提供更相关的会计信息，企业可以将一项金融资产、一项金融负债或者一组金融工具（金融资产、金融负债或者金融资产及负债）指定为以公允价值计量且其变动计入当期损益，但该指定应当满足下列条件之一：

七、关于金融负债的分类

1. 该指定能够消除或显著减少会计错配。例如，根据本准则规定，有些金融资产被分类为以公允价值计量且其变动计入当期损益，但与之直接相关的金融负债却分类为以摊余成本计量，从而导致会计错配。如果将以上金融负债直接指定为以公允价值计量且其变动计入当期损益，那么这种会计错配就能够消除。

再如，企业拥有某些金融资产且承担某些金融负债，该金融资产和金融负债承担某种相同的风险（例如利率风险），且各自的公允价值变动方向相反、趋于相互抵销。但是，其中只有部分金融资产或金融负债（如交易性）以公允价值计量且其变动计入当期损益，此时会出现会计错配。套期会计有效性难以达到要求时，也会出现类似问题。在这些情况下，如果将所有这些资产和负债均进行公允价值指定，可以消除或显著减少会计错配现象。

又如，企业拥有某些金融资产且承担某些金融负债，该金融资产和金融负债承担某种相同的风险，且各自的公允价值变动方向相反，趋于相互抵销。但是，因为这些金融资产或金融负债中没有一项是以公允价值计量且其变动计入当期损益的，不满足被指定为套期工具的条件，从而使企业不具备运用套期会计方法的条件，出现相关利得或损失在确认方面的重大不一致。例如，某银行通过发行上市债券为一组特定贷款提供融资，且债券与贷款的公允价值变动可相互抵销。如果银行定期发行和回购该债券但是很少买卖该贷款，则同时采用以公允价值计量且其变动计入当期损益的方式计量该贷款和债券，将消除两者均以摊余成本计量且每次回购债券时确认一项利得或损失所导致的利得和损失确认时间的不一致。

需要指出的是，对于上述情况，实务中企业可能难以做到将所涉及的金融资产和金融负债在同一时间进行公允价值指定。如果企业能够将每项相关交易在初始确认时予以公允价值指定，且预期剩下的交易将会发生，那么可以有合理的延迟。此外，公允价值选择权只能应用于一项金融工具整体，不能是某一组成部分。

2. 根据正式书面文件载明的企业风险管理或投资策略，企业以公允价值为基础对金融负债组合或金融资产和金融负债组合进行管理和业绩评价，并在内部以此为基础向关键管理人员报告。以公允价值为基础进行管理的金融资产组合，由于其按照本准则规定已经被分类为以公允价值计量且其变动计入当期损益，因此，不再将公允价值选择权应用于此类金融资产。此项条件强调的是企业日常管理和评价业绩的方式，而不是关注金融工具组合中各组成部分的性质。

企业将一项金融资产、一项金融负债或者一组金融工具（金融资产、金融负债或者金融资产及负债）指定为以公允价值计量且其变动计入当期损益的，一经作出不得撤销。即使造成会计错配的金融工具被终止确认，也不得撤销这一指定。

八、关于嵌入衍生工具

（一）嵌入衍生工具的概念

衍生工具通常是独立存在的，但也可能嵌入到非衍生金融工具或其他合同（主合同）中，这种衍生工具称为嵌入衍生工具。嵌入衍生工具与主合同构成混合合同（如企业持有的可转换公司债券）。嵌入衍生工具对混合合同的现金流量产生影响的方式，应当与单独存在的衍生工具类似，且该混合合同的全部或部分现金流量随特定利率、汇率、金融工具价格、商品价格、价格指数、费率指数、信用等级、信用指数或其他变量变动而变动，变量为非金融变量的，该变量不应与合同的任何一方存在特定关系。

1. 主合同通常包括租赁合同、保险合同、服务合同、特许权合同、债务工具合同、合营合同等。

2. 在混合合同中，嵌入衍生工具通常以具体合同条款体现。例如，甲公司签订了按一般物价指数调整租金的 3 年期租赁合同。根据该合同，第 1 年的租金先约定，从第 2 年开始，租金按前 1 年的一般物价指数调整。此例中，主合同是租赁合同，嵌入衍生工具体现为一般物价指数调整条款。以下为常见的、可体现嵌入衍生工具的合同条款：可转换公司债券中嵌入的股份转换选择权条款、与权益工具挂钩的本金或利息支付条款、与商品或其他非金融项目挂钩的本金或利息支付条款、看涨期权条款、看跌期权条款、提前还款权条款、信用违约支付条款等。

3. 衍生工具如果附属于一项金融工具但根据合同规定可以独立于该金融工具进行转让，或者具有与该金融工具不同的交易对手方，则该衍生工具不是嵌入衍生工具，应当作为一项单独存在的衍生工具处理。例如，某贷款合同可能附有一项相关的利率互换。如该互换能够单独转让，那么该互换是一项独立存在的衍生工具，而不是嵌入衍生工具，即使该互换与主合同（贷款合同）的交易对手（借款人）是同一方。同样，如果某工具是衍生工具与其他非衍生工具"合成"或"拼成"的，那么其中的衍生工具也不能视为嵌入衍生工具，而应作为单独存在的衍生工具处理。例如，某公司有一项5年期浮动利率债务工具投资和一项5年期支付浮动利率、收取固定利率的利率互换合同，两者放在一起创造了一项"合成"的5年期固定利率债务工具投资。在这种情况下，"合成"工具中的利率互换不应作为嵌入衍生工具处理。

（二）嵌入衍生工具与主合同的关系

嵌入衍生工具的核算有两种模式，从混合合同中分拆或不分拆。混合合同包含的主合同属于本准则规范的资产的，企业不应从该混合合同中分拆嵌入衍生工具，而应当将该混合合同作为一个整体适用本准则关于金融资产分类的相关规定。如果主合同并非本准则范围的资产，企业对嵌入衍生工具进行会计处理时，应当合理地判断其与主合同的关系，根据其经济特征和风险是否与主合同的经济特征和风险紧密相关，并结合其他条件决定是否分拆。

企业判断嵌入衍生工具的经济特征和风险是否与主合同的经济特征和风险紧密相关时，应当重点关注嵌入衍生工具与主合同的风险敞口是否相似，以及嵌入衍生工具是否可能会对混合合同的现金流量产生重大改变。除本准则特殊规定外，一般情况下，如果嵌入衍生工具与主合同的风险敞口不同或者嵌入衍生工具可能对混合合同的现金流量产生重大改变，则嵌入衍生工具的经济特征和风险与主合同的经济特征和风险很可能不紧密相关。

通常情况下，企业应当首先明确主合同的经济特征和风险。如果主合同没有明确的或事先确定的到期日，且代表了在某一企业净资产中的剩余利益，那么该主合同的经济特征和风险即为权益工具的经济特征和风险，而且嵌入衍生工具需要拥有和同一企业相关的权益特征才能视为与主合同紧密相关；如果主合同不是一项权益工具但符合金融工具的定义，那么该主合同的经济特征和风险即为债务工具的经济特征和风险。

其次，嵌入的非期权衍生工具（如嵌入的远期合同或互换合同），应基于标明或暗含的实质性条款将其从主合同中分拆，其在初始确认时的公允价值为零。以期权为基础的嵌入衍生工具（如嵌入的看跌期权、看涨期权、利率上限、利率下限或互换期权），应基于标明的期权特征的条款将其从主合同中分拆，主合同的初始账面金额即为分拆出嵌入衍生工具后的剩余金额。

再者，一项混合合同中的多项嵌入衍生工具通常应视同为一项工具处理。但是，归类为权益的嵌入衍生工具应与归类为资产或负债的嵌入衍生工具分开核算。此外，如果某混合合同嵌入了多项衍生工具而这些衍生工具又与不同的风险敞口相关，且这些嵌入衍生工具易于分离并相互独立，则这些嵌入衍生工具应分别进行核算。

1. 下列情况下，嵌入衍生工具的经济特征和风险不与主合同紧密相关：

（1）主债务工具中嵌入看跌期权，使得持有人有权要求发行人以一定金额的现金或其他资产回购这项工具，其中现金或其他资产的金额随着某一权益工具或商品价格或指数的变动而变动，该看跌期权不与主债务工具紧密相关。

（2）债务工具剩余期限展期的选择权或自动展期条款不与主债务工具紧密相关，除非在展期的同时将利率调整至与当前市场利率大致相当的水平。企业发行了一项债务工具，且该债务工具的持有人向第三方签出针对该债务工具的看涨期权时，如果该期权行使后发行人可能被要求参与或协助债务工具的重新流通，则发行人应将此看涨期权视为债务工具的展期。

（3）嵌入在主债务工具或保险合同中且与权益挂钩的利息或本金支付额（即利息或本金金额与权益工具价值挂钩），不与主合同工具紧密相关，因为内含在主合同工具的风险与嵌入衍生工具中的风险不同。

（4）嵌入在主债务工具或保险合同中且与商品价格挂钩的利息或本金支付额（即利息或本金金额与商品价格挂钩），不与主合同工具紧密相关，因为内含在主合同工具的风险与嵌入衍生工具中的风险不同。

（5）嵌入在主债务工具或保险合同中的看涨期权、看跌期权或提前偿付选择权不与主合同工具紧密相关，除非在每一行权日，该期权的行权价大致等于主债务工具的摊余成本或主保险合同的账面价值，或者提前偿付选择权的行权价格包含了对债权人的补偿，且该补偿不应超过相当于主合同剩余存续期内的利息损失的现值。利息损失按提前偿付的本金乘以利率差计算。这里的利率差是指，如果债权人将提前偿付的本金再投资于与主合同相类似剩余期限和条件的工具，该工具的实际利率低于主合同实际利率的差。企业应当在按照金融工具列报准则分拆可转换债务工具的权益要素前，评估看涨期权或看跌期权是否与主债务工具紧密相关。

（6）嵌入在主债务工具中，允许一方（受益人）将特定标的资产的信用风险（受益人可能不实际拥有该项资产）转移给另一方（保证人）的信用衍生工具，不与主债务工具紧密相关。这种信用衍生工具让保证人在不直接拥有标的资产的情况下承担标的资产的相关信用风险。

2. 下列情况下，嵌入衍生工具的经济特征和风险与主合同的经济特征和风险紧密相关：

（1）以利率或利率指数为标的，且能改变带息主债务合同或保险合同须支付或收取的利息额的嵌入衍生工具，与主合同紧密相关，除非混合合同的结算可能造成持有人不能收回几乎所有已确认投资，或者嵌入衍生工具可能使持有人在主合同上的初始报酬率至少加倍，并能够使回报率至少达到与主合同条款相同的合同的市场报酬率的两倍。

（2）嵌入利率下限或利率上限的债务合同或保险合同发行时，若该利率上限等于或高于市场利率，而利率下限等于或低于市场利率，并且该利率上限或下限与主合同之间不存在杠杆关系，那么该利率上限或下限与主合同紧密相关。同样，一项购买或出售某一资产（如某商品）的合同，如果设定了为该资产将支付或收取的价格上限和下限的条款，并且在开始时该价格上限和下限均为价外且与主合同之间没有杠杆关系，则该条款与主合同紧密相关。

（3）嵌入主债务工具（如双重货币债券）中的外币衍生工具使发行人以外币支付本金或利息，该嵌入外币衍生工具与主债务工具紧密相关。

（4）嵌入在属于保险合同或非金融工具合同的主合同中的外币衍生工具（例如购买或出售非金融项目的合同以外币标价），如果与主合同没有杠杆关系且不具有期权特征，并且规定以下述任何一种货币支付，则该外币衍生工具与主合同紧密相关：①合同任一主要方的记账本位币；②国际商业交往中通常用以对所获得或交付的相关商品或劳务进行标价的货币（例如对原油交易进行标价的美元）；③在交易所处的经济环境中，买卖非金融项目的合同通常使用的货币（例如在当地的商业交易或对外贸易中使用的相对稳定以及流动性较好的货币）。

（5）如果利息剥离或本金剥离最初是通过分离收取金融工具合约现金流量的权利形成的，而该金融工具本身不包括嵌入衍生工具，且不包含任何未在原主债务合同中列示的条款,则嵌入在利息剥离或本金剥离中的提前偿付选择权与主合同紧密相关。

(6)主租赁合同的嵌入衍生工具,如果是下述三者之一,则该嵌入衍生工具与主合同紧密相关:①与通货膨胀有关的指数(例如消费品物价指数)挂钩的租赁付款额指数(假设该租赁不是杠杆租赁,且该指数与企业自身经济环境中的通货膨胀有关);②基于相关销售额的或有租金;③基于变动利率的或有租金。

(7)嵌入在主金融工具或主保险合同中的投资联结特征(属于嵌入衍生工具),如果其以单位计价的付款额是以反映基金资产公允价值的当前单位价值计量的,则该投资连结特征与主金融工具或主保险合同紧密相关。投资连结特征是一项要求付款额以内部或外部的投资基金单位计价的合同条款。

(8)嵌入在主保险合同中的衍生工具,如果与主保险合同互相依赖,使得企业无法单独计量该嵌入衍生工具,则该嵌入衍生工具与主保险合同紧密相关。

实务中企业可能持有或发行可回售工具(属于混合合同)。该金融工具的特征在于,持有人拥有将该金融工具回售给发行人以换取一定金额现金或其他金融资产的权利,其中,相关现金或其他金融资产的金额随着可能发生增减变动的权益指数或商品指数的变动而变动。除非发行人在初始确认时将该可回售工具指定为以公允价值计量且其变动计入当期损益的金融负债,否则,发行人应按本准则的要求分拆嵌入衍生工具(即与权益工具或商品指数挂钩的本金支付),因为该嵌入衍生工具与主合同(债务工具)不紧密相关。但是,对于可随时回售以换取与企业净资产价值一定比例份额等值的现金的可回售工具(比如,开放式共同基金份额或某些投资联结产品),分拆嵌入衍生工具并对其各组成部分进行核算的结果是,发行人在报告期末以应付的赎回金额来计量混合合同,因此可以不分拆。

（三）嵌入衍生工具的会计处理

1. 嵌入衍生工具的分拆。

混合合同包含的主合同不属于本准则规范的资产，且同时符合下列条件的，企业应当从混合合同中分拆嵌入衍生工具，将其作为单独存在的衍生工具处理：

（1）嵌入衍生工具的经济特征和风险与主合同的经济特征和风险不紧密相关。

（2）与嵌入衍生工具具有相同条款的单独工具符合衍生工具的定义。

（3）该混合合同不是以公允价值计量且其变动计入当期损益进行会计处理（即嵌在以公允价值计量且其变动计入当期损益的金融负债中的衍生工具不予分拆）。

【例15】甲公司发行了一项可回售可转换优先股。该优先股条款约定，若甲公司5年内未能成功上市，则投资者有权在第5年末将该优先股按照约定的收益率回售给甲公司。此外，投资者可以随时将该优先股转换成甲公司的普通股，初始转股价格固定，但当甲公司后续发行新股的价格低于初始转股价格时，投资者有权要求将初始转股价格下调，且下调后不再转回。此例中，股份转换权属于嵌入衍生工具，与主债务合同不紧密相关。如果混合合同整体没有指定为以公允价值计量且其变动计入当期损益的金融负债，则应将该股份转换权分拆为单独的衍生工具核算。

当企业在成为混合合同的一方时，即应评价嵌入衍生工具是否应分拆出来作为单独的衍生工具处理。随后，除非混合合同条款的变化将对原混合合同现金流量产生重大影响，否则企业不应对是否分拆重新进行评估。混合合同条款的变化导致原混合合同现金流量发生重大改变的，应重新评估嵌入衍生工具是否应分拆。企业在确定现金流量调整是否重大时，应当分析判断与嵌入衍生工具、主合同或两者相关的预计未来现金流量发生改变的程度，以及相对于合同以前预计现金流量是否有重大的改变。但是，在同一控制和非同一控制下的企业合并以及合营企业成立中，企业在并购日或成立日可能需要重新评估购入的合同中嵌入衍生工具是否需要分拆。

嵌入衍生工具从混合合同中分拆的，企业应当按照适用的会计准则规定，对混合合同的主合同进行会计处理。根据本准则规定，单独存在的衍生工具，通常应采用公允价值进行初始计量和后续计量。

2. 将混合合同指定为以公允价值计量且其变动计入当期损益。

当企业成为混合合同的一方，而主合同不属于本准则规范的资产且包含一项或多项嵌入衍生工具时，本准则要求企业识别所有此类嵌入衍生工具、评估其是否需要与主合同分拆、并且对于需与主合同分拆的嵌入衍生工具，应以公允价值进行初始确认和后续计量。与整项金融工具均以公允价值计量且其变动计入当期损益相比，上述要求可能更为复杂或导致可靠性更差。为此，本准则允许企业将整项混合合同指定为以公允价值计量且其变动计入当期损益。但下列情况除外：

（1）嵌入衍生工具不会对混合合同的现金流量产生重大改变。

（2）在初次确定类似的混合合同是否需要分拆时，几乎不需分析就能明确其包含的嵌入衍生工具不应分拆。如嵌入贷款的提前还款权，允许持有人以接近摊余成本的金额提前偿还贷款，该提前还款权不需要分拆。

此外，企业无法根据嵌入衍生工具的条款和条件对嵌入衍生工具的公允价值进行可靠计量的，该嵌入衍生工具的公允价值应当根据混合合同公允价值和主合同公允价值之间的差额确定。使用了上述方法后,该嵌入衍生工具在取得日或后续资产负债表日的公允价值仍然无法单独计量的,企业应当将该混合合同整体指定为以公允价值计量且其变动计入当期损益的金融工具。

九、关于金融工具的重分类

(一) 金融工具重分类的原则

企业改变其管理金融资产的业务模式时,应当按照本准则的规定对所有受影响的相关金融资产进行重分类。企业对所有金融负债均不得进行重分类。

企业对金融资产进行重分类,应当自重分类日起采用未来适用法进行相关会计处理,不得对以前已经确认的利得、损失(包括减值损失或利得)或利息进行追溯调整。重分类日,是指导致企业对金融资产进行重分类的业务模式发生变更后的首个报告期间的第一天。例如,甲上市公司决定于 2×17 年 3 月 22 日改变其管理某金融资产的业务模式,则重分类日为 2×17 年 4 月 1 日(即下一个季度会计期间的期初);乙上市公司决定于 2×17 年 10 月 15 日改变其管理某金融资产的业务模式,则重分类日为 2×18 年 1 月 1 日。

企业管理金融资产业务模式的变更是一种极其少见的情形。该变更源自外部或内部的变化,必须由企业的高级管理层进行决策,且其必须对企业的经营非常重要,并能够向外部各方证实。因此,只有当企业开始或终止某项对其经营影响重大的活动时(例如当企业收购、处置或终止某一业务线时),其管理金融资产的业务模式才会发生变更。例如,某银行决定终止其零售抵押贷款业务,该业务线不再接受新业务,并且该银行正在积极寻求出售其抵押贷款组合,则该银行管理其零售抵押贷款的业务模式发生了变更。需要注意的是,企业业务模式的变更必须在重分类日之前生效。例如,银行决定于 2×17 年 10 月 15 日终止其零售抵押贷款业务,并在 2×18 年 1 月 1 日对所有受影响的金融资产进行重分类。在 2×17 年 10 月 15

日之后,其不应开展新的零售抵押贷款业务,或另外从事与之前零售抵押贷款业务模式相同的活动。

【例 16】 甲公司持有拟在短期内出售的某商业贷款组合。甲公司近期收购了一家资产管理公司(乙公司),乙公司持有贷款的业务模式是以收取合同现金流量为目标。甲公司决定,对该商业贷款组合的持有不再以出售为目标,而是将该组合与资产管理公司持有的其他贷款一起管理,以收取合同现金流量为目标,则甲公司管理该商业贷款组合的业务模式发生了变更。

以下情形不属于业务模式变更:

1. 企业持有特定金融资产的意图改变。企业即使在市场状况发生重大变化的情况下改变对特定资产的持有意图,也不属于业务模式变更。

2. 金融资产特定市场暂时性消失从而暂时影响金融资产出售。

3. 金融资产在企业具有不同业务模式的各部门之间转移。

需要注意的是,如果企业管理金融资产的业务模式没有发生变更,而金融资产的条款发生变更但未导致终止确认的,不允许重分类。如果金融资产条款发生变更导致金融资产终止确认的,不涉及重分类问题,企业应当终止确认原金融资产,同时按照变更后的条款确认一项新金融资产。

(二) 金融资产重分类的计量

1. 以摊余成本计量的金融资产的重分类。

(1) 企业将一项以摊余成本计量的金融资产重分类为以公允价值计量且其变动计入当期损益的金融资产的,应当按照该资产在重分类日的公允价值进行计量。原账面价值与公允价值之间的差额计入当期损益。

(2) 企业将一项以摊余成本计量的金融资产重分类为以公允价

值计量且其变动计入其他综合收益的金融资产的，应当按照该金融资产在重分类日的公允价值进行计量。原账面价值与公允价值之间的差额计入其他综合收益。该金融资产重分类不影响其实际利率和预期信用损失的计量。

【例17】2×16年10月15日，甲银行以公允价值500 000元购入一项债券投资，并按规定将其分类为以摊余成本计量的金融资产，该债券的账面余额为500 000元。2×17年10月15日，甲银行变更了其管理债券投资组合的业务模式，其变更符合重分类的要求，因此，甲银行于2×18年1月1日将该债券从以摊余成本计量重分类为以公允价值计量且其变动计入当期损益。2×18年1月1日，该债券的公允价值为490 000元，已确认的减值准备为6 000元。假设不考虑该债券的利息收入。

甲银行的会计处理如下：

借：交易性金融资产　　　　　　　　　　490 000
　　债权投资减值准备　　　　　　　　　　6 000
　　公允价值变动损益　　　　　　　　　　4 000
　　贷：债权投资　　　　　　　　　　　　500 000

2. 以公允价值计量且其变动计入其他综合收益的金融资产的重分类。

（1）企业将一项以公允价值计量且其变动计入其他综合收益的金融资产重分类为以摊余成本计量的金融资产的，应当将之前计入其他综合收益的累计利得或损失转出，调整该金融资产在重分类日的公允价值，并以调整后的金额作为新的账面价值，即视同该金融资产一直以摊余成本计量。该金融资产重分类不影响其实际利率和预期信用损失的计量。

（2）企业将一项以公允价值计量且其变动计入其他综合收益的金融资产重分类为以公允价值计量且其变动计入当期损益的金融资

产的，应当继续以公允价值计量该金融资产。同时，企业应当将之前计入其他综合收益的累计利得或损失从其他综合收益转入当期损益。

【例18】 2×16年9月15日，甲银行以公允价值500 000元购入一项债券投资，并按规定将其分类为以公允价值计量且其变动计入其他综合收益的金融资产，该债券的账面余额为500 000元。2×17年10月15日，甲银行变更了其管理债券投资组合的业务模式，其变更符合重分类的要求，因此，甲银行于2×18年1月1日将该债券从以公允价值计量且其变动计入其他综合收益的金融资产重分类为以摊余成本计量的金融资产。2×18年1月1日，该债券的公允价值为490 000元，已确认的减值准备为6 000元。假设不考虑利息收入。

甲银行的会计处理如下：

借：债权投资　　　　　　　　　　　　　　500 000
　　其他债权投资——公允价值变动　　　　 10 000
　　其他综合收益——信用减值准备　　　　 6 000
　贷：其他债权投资——成本　　　　　　　　500 000
　　　其他综合收益——其他债权投资公允价值变动
　　　　　　　　　　　　　　　　　　　　 10 000
　　　债权投资减值准备　　　　　　　　　　6 000

3. 以公允价值计量且其变动计入当期损益的金融资产的重分类。

（1）企业将一项以公允价值计量且其变动计入当期损益的金融资产重分类为以摊余成本计量的金融资产的，应当以其在重分类日的公允价值作为新的账面余额。

（2）企业将一项以公允价值计量且其变动计入当期损益的金融资产重分类为以公允价值计量且其变动计入其他综合收益的金融资

产的，应当继续以公允价值计量该金融资产。

对以公允价值计量且其变动计入当期损益的金融资产进行重分类的，企业应当根据该金融资产在重分类日的公允价值确定其实际利率。同时，企业应当自重分类日起对该金融资产适用本准则关于金融资产减值的相关规定，并将重分类日视为初始确认日。

十、关于金融工具的计量

（一）金融资产和金融负债的初始计量

企业初始确认金融资产或金融负债，应当按照公允价值计量。对于以公允价值计量且其变动计入当期损益的金融资产和金融负债，相关交易费用应当直接计入当期损益；对于其他类别的金融资产或金融负债，相关交易费用应当计入初始确认金额。但是，企业初始确认的应收账款未包含《企业会计准则第 14 号——收入》所定义的重大融资成分或根据《企业会计准则第 14 号——收入》规定不考虑不超过一年的合同中的融资成分的，应当按照该准则定义的交易价格进行初始计量。

交易费用，是指可直接归属于购买、发行或处置金融工具的增量费用。增量费用是指企业没有发生购买、发行或处置相关金融工具的情形就不会发生的费用，包括支付给代理机构、咨询公司、券商、证券交易所、政府有关部门等的手续费、佣金、相关税费以及其他必要支出，不包括债券溢价、折价、融资费用、内部管理成本和持有成本等与交易不直接相关的费用。

金融工具初始确认时的公允价值通常指交易价格（即所收到或支付对价的公允价值），但是，如果收到或支付的对价的一部分并非针对该金融工具，该金融工具的公允价值应根据估值技术进行估计。例如，一项不带息的长期贷款或应收款项公允价值的估计数是以信用等级相当的类似金融工具（计价的币种、条款、利率类型和其他因素相类似）的当前市场利率，对所有未来现金收款额折现所得出的现值。任何额外支付的金额应作为一项费用或收益的抵减项处理，除非其符合确认为其他类型资产的条件。此外，还应注意，如果企业按低于市场利率发放一项贷款（例如，类似贷款市场利率为8%时，该贷款的利率为5%），并且直接收到一项费用作为补偿，该企业应以公允价值确认这项贷款，即以发放的本金减去收到的费用作为初始确认金额。之后，企业应采用实际利率法将相关折价计入损益。

企业应当根据《企业会计准则第39号——公允价值计量》的规定，确定金融资产和金融负债在初始确认时的公允价值。公允价值通常为相关金融资产或金融负债的交易价格。金融资产或金融负债公允价值与交易价格存在差异的，企业应当区别下列情况进行处理：

1. 在初始确认时，金融资产或金融负债的公允价值依据相同资产或负债在活跃市场上的报价或者以仅使用可观察市场数据的估值技术确定的，企业应当将该公允价值与交易价格之间的差额确认为一项利得或损失。

2. 在初始确认时，金融资产或金融负债的公允价值以其他方式确定的，企业应当将该公允价值与交易价格之间的差额递延。初始确认后，企业应当根据某一因素在相应会计期间的变动程度将该递延差额确认为相应会计期间的利得或损失。该因素应当仅限于市场参与者对该金融工具定价时将予考虑的因素，包括时间等。

企业取得金融资产所支付的价款中包含的已宣告但尚未发放的利息或现金股利，应当单独确认为应收项目处理。

（二）金融资产的后续计量

1. 金融资产后续计量原则。

金融资产的后续计量与金融资产的分类密切相关。企业应当对不同类别的金融资产，分别以摊余成本、以公允价值计量且其变动计入其他综合收益或以公允价值计量且其变动计入当期损益进行后续计量。

需要注意的是，企业在对金融资产进行后续计量时，如果一项金融工具以前被确认为一项金融资产并以公允价值计量，而现在它的公允价值低于零，企业应将其确认为一项负债。但对于主合同为资产的混合合同，即使整体公允价值可能低于零，企业应当始终将混合合同整体作为一项金融资产进行分类和计量。

2. 以摊余成本计量的金融资产的会计处理。

（1）实际利率。

实际利率，是指将金融资产或金融负债在预计存续期的估计未来现金流量折现为该金融资产账面余额（不考虑减值）或该金融负债摊余成本所使用的利率。在确定实际利率时，应当在考虑金融资产或金融负债所有合同条款（如提前还款、展期、看涨期权或其他类似期权等）的基础上估计预期现金流量，但不应当考虑预期信用损失。

经信用调整的实际利率，是指将购入或源生的已发生信用减值的金融资产在预计存续期的估计未来现金流量，折现为该金融资产摊余成本的利率。在确定经信用调整的实际利率时，应当在考虑金融资产的所有合同条款（例如提前还款、展期、看涨期权或其他类似期权等）以及初始预期信用损失的基础上估计预期现金流量。

企业通常能够可靠估计金融工具（或一组类似金融工具）的现金流量和预计存续期。在极少数情况下，金融工具（或一组金融工具）的估计未来现金流量或预计存续期无法可靠估计的，企业在计算确定其实际利率（或经信用调整的实际利率）时，应当基于该金融工具在整个合同期内的合同现金流量。

合同各方之间支付或收取的、属于实际利率或经信用调整的实际利率组成部分的各项费用及溢价或折价等，应当在确定实际利率或经信用调整的实际利率时予以考虑。

(2) 构成实际利率组成部分的各项费用。

构成金融工具实际利率组成部分的各项费用包括：①企业形成或取得某项金融资产而收取的必不可少的费用。例如评估借款人财务状况，评估并记录各类担保、担保物和其他担保安排，议定金融工具的合同条款，编制和处理相关文件，达成交易等相关活动而收取的补偿。②企业收取的发放贷款的承诺费用。若贷款承诺不以公允价值计量，且企业很可能签订相关借款协议，此费用可视为企业持续涉入取得金融工具的过程而获得的补偿。如果该贷款承诺到期前未发放相关贷款，企业应当在到期日将承诺费用确认为收入。③企业发行以摊余成本计量的金融负债而支付的必不可少的费用。企业应当区分构成相关金融负债实际利率组成部分的必不可少的费用和涉及提供服务（如投资管理服务）的交易费用。

不构成金融工具实际利率组成部分的各项费用包括：①企业为贷款提供服务而收取的费用。②企业收取的发放贷款承诺的费用。前提是贷款承诺不以公允价值计量，且企业签订相关借款协议的可能性较小。③企业因组织银团贷款而收取的费用，且企业自身不保留该贷款的任何一部分（或者虽然保留该贷款的一部分但采用与其他贷款参与者针对类似风险使用的实际利率相同的实际利率）。企业对于不构成金融工具实际利率组成部分的各项费用，应当按照《企业会计准则第14号——收入》进行会计处理。

企业通常应当在金融工具的预计存续期内，对实际利率计算中包括的各项费用、支付或收取的贴息、交易费用及溢价或折价进行摊销。但如果上述各项涉及更短的期间，企业应当在这一更短期间内进行摊销。在某些情况下，如果与上述各项相关的变量在该金融工具预计到期日前按市场利率重新定价，那么摊销期间应为截至下一个重新定价日的期间。例如，如果某浮动利率金融工具的折溢价反映了该金融工具自上一个付息日起应计的利息，或自浮动利率重设为市场利率起所发生的变化,那么该折溢价应当在截至下一个利率重设日的期间内进行摊销。因为在利率重设日,该折溢价所涉及的变量(即利率)将按市场利率重定价,因此该折溢价与截至下一个利率重设日的期间相关。但是,如果该折溢价源自对该金融工具浮动利率中信用利差的变化,或无需重设为市场利率的其他变量,该折溢价应当在该金融工具的预计存续期内摊销。

(3) 摊余成本。

金融资产或金融负债的摊余成本,应当以该金融资产或金融负债的初始确认金额经下列调整确定:

①扣除已偿还的本金。

②加上或减去采用实际利率法将该初始确认金额与到期日金额之间的差额进行摊销形成的累计摊销额。

③扣除计提的累计信用减值准备(仅适用于金融资产)。

实际利率法,是指计算金融资产或金融负债的摊余成本以及将利息收入或利息费用分摊计入各会计期间的方法。

对于浮动利率金融资产或浮动利率金融负债,以反映市场利率波动而对现金流量的定期重估将改变实际利率。如果浮动利率金融资产或浮动利率金融负债的初始确认金额等于到期日应收或应付本金的金额,则未来利息付款额的重估通常不会对该资产或负债的账面价值产生重大影响。

企业与交易对手方修改或重新议定合同,未导致金融资产终止确认,但导致合同现金流量发生变化的,或者企业修正了对合同现金流量的估计的,应当重新计算该金融资产的账面余额,并将相关利得或损失计入当期损益。重新计算的该金融资产的账面余额,应当根据将重新议定或修改的合同现金流量按金融资产的原实际利率(或者购买或源生的已发生信用减值的金融资产应按经信用调整的实际利率)折现的现值确定。对于修改或重新议定合同所产生的所有成本或费用,企业应当调整修改后的金融资产账面价值,并在修改后金融资产的剩余期限内摊销。

以摊余成本计量且不属于任何套期关系的金融资产所产生的利得或损失,应当在终止确认、按照本准则规定重分类、按照实际利率法摊销或按照本准则规定确认减值时,计入当期损益。

【例19】2×13年1月1日,甲公司支付价款1 000万元(含交易费用)从上海证券交易所购入乙公司同日发行的5年期公司债券12 500份,债券票面价值总额为1 250万元,票面年利率为4.72%,于年末支付本年度债券利息(即每年利息为59万元),本金在债券到期时一次性偿还。合同约定,该债券的发行方在遇到特定情况时可以将债券赎回,且不需要为提前赎回支付额外款项。甲公司在购买该债券时,预计发行方不会提前赎回。甲公司根据其管理该债券的业务模式和该债券的合同现金流量特征,将该债券分类为以摊余成本计量的金融资产。

假定不考虑所得税、减值损失等因素,计算该债券的实际利率r:

$$59 \times (1+r)^{-1} + 59 \times (1+r)^{-2} + 59 \times (1+r)^{-3} + 59 \times (1+r)^{-4} + (59+1\,250) \times (1+r)^{-5} = 1\,000 \text{(万元)}$$

采用插值法,计算得出r=10%。

情形1:

根据表1中的数据,甲公司的有关账务处理如下:

表1   单位:万元

年度	期初摊余成本 (A)	实际利息收入 (B = A × 10%)	现金流入 (C)	期末摊余成本 (D = A + B − C)
2×13年	1 000	100	59	1 041
2×14年	1 041	104	59	1 086

续表

年度	期初摊余成本 （A）	实际利息收入 （B = A×10%）	现金流入 （C）	期末摊余成本 （D = A + B − C）
2×15 年	1 086	109	59	1 136
2×16 年	1 136	114	59	1 191
2×17 年	1 191	118*	1 309	0

注：* 尾数调整 1 250 + 59 − 1 191 = 118。

(1) 2×13 年 1 月 1 日，购入乙公司债券。

借：债权投资——成本　　　　　　　　　12 500 000

　　贷：银行存款　　　　　　　　　　　10 000 000

　　　　债权投资——利息调整　　　　　 2 500 000

(2) 2×13 年 12 月 31 日，确认乙公司债券实际利息收入、收到债券利息。

借：应收利息　　　　　　　　　　　　　　590 000

　　债权投资——利息调整　　　　　　　　410 000

　　贷：投资收益　　　　　　　　　　　1 000 000

借：银行存款　　　　　　　　　　　　　　590 000

　　贷：应收利息　　　　　　　　　　　　590 000

(3) 2×14 年 12 月 31 日，确认乙公司债券实际利息收入、收到债券利息。

借：应收利息　　　　　　　　　　　　　　590 000

　　债权投资——利息调整　　　　　　　　450 000

　　贷：投资收益　　　　　　　　　　　1 040 000

借：银行存款　　　　　　　　　　　　　　590 000

　　贷：应收利息　　　　　　　　　　　　590 000

(4) 2×15 年 12 月 31 日，确认乙公司债券实际利息收入、收到债券利息。

借：应收利息 590 000
　　债权投资——利息调整 500 000
　　贷：投资收益 1 090 000
借：银行存款 590 000
　　贷：应收利息 590 000

（5）2×16年12月31日，确认乙公司债券实际利息收入、收到债券利息。

借：应收利息 590 000
　　债权投资——利息调整 550 000
　　贷：投资收益 1 140 000
借：银行存款 590 000
　　贷：应收利息 590 000

（6）2×17年12月31日，确认乙公司债券实际利息收入、收到债券利息和本金。

借：应收利息 590 000
　　债权投资——利息调整 590 000
　　贷：投资收益 1 180 000
借：银行存款 590 000
　　贷：应收利息 590 000
借：银行存款 12 500 000
　　贷：债权投资——成本 12 500 000

情形2：

假定在2×15年1月1日，甲公司预计本金的一半（即625万元）将会在该年末收回，而其余的一半本金将于2×17年末付清。则甲公司应当调整2×15年初的摊余成本，计入当期损益；调整时采用最初确定的实际利率。据此，调整上述表中相关数据后如表2所示：

十、关于金融工具的计量

表2   单位：万元

年度	期初摊余成本 （A）	实际利息收入 （B = A×10%）	现金流入 （C）	期末摊余成本 （D = A + B − C）
2×13 年	1 000	100	59	1 041
2×14 年	1 041	104	59	1 086
2×15 年	1 139 *	114	684	569
2×16 年	569	57	30 **	596
2×17 年	596	59 ***	655	0

注：* $(625+59)\times(1+10\%)^{-1} + 30\times(1+10\%)^{-2} + (625+30)\times(1+10\%)^{-3} = 1\,139$ 万元（四舍五入）。

** $625\times 4.72\% = 30$ 万元（四舍五入）。

*** $625+30-596=59$（尾数调整）。

根据上述调整，甲公司的账务处理如下：

(1) 2×15 年 1 月 1 日，调整期初账面余额。

借：债权投资——利息调整　　　　　　　530 000

　　贷：投资收益　　　　　　　　　　　　530 000

(2) 2×15 年 12 月 31 日，确认实际利息、收回本金等。

借：应收利息　　　　　　　　　　　　　590 000

　　债权投资——利息调整　　　　　　　550 000

　　贷：投资收益　　　　　　　　　　　1 140 000

借：银行存款　　　　　　　　　　　　　590 000

　　贷：应收利息　　　　　　　　　　　　590 000

借：银行存款　　　　　　　　　　　　6 250 000

　　贷：债权投资——成本　　　　　　　6 250 000

(3) 2×16 年 12 月 31 日，确认实际利息等。

借：应收利息　　　　　　　　　　　　　300 000

　　债权投资——利息调整　　　　　　　270 000

　　贷：投资收益　　　　　　　　　　　　570 000

借：银行存款　　　　　　　　　　　　　　300 000
　　贷：应收利息　　　　　　　　　　　　　　　300 000

(4) 2×17年12月31日，确认实际利息、收回本金等。

借：应收利息　　　　　　　　　　　　　　300 000
　　债权投资——利息调整　　　　　　　　290 000
　　贷：投资收益　　　　　　　　　　　　　　　590 000
借：银行存款　　　　　　　　　　　　　　300 000
　　贷：应收利息　　　　　　　　　　　　　　　300 000
借：银行存款　　　　　　　　　　　　　6 250 000
　　贷：债权投资——成本　　　　　　　　　　6 250 000

情形3：

假定甲公司购买的乙公司债券不是分次付息，而是到期一次还本付息，且利息不以复利计算。此时，甲公司所购买乙公司债券的实际利率 r 计算如下：

$$(59+59+59+59+59+1\ 250)\times(1+r)^{-5}=1\ 000（万元）$$

由此计算得出 r≈9.05%。

据此，调整表1中相关数据后如表3所示：

表3　　　　　　　　　　　　　　　　　　　　　　　　　　　　单位：万元

日期	期初摊余成本 （A）	实际利息收入 （B = A×9.05%）	现金流入 （C）	期末摊余成本 （D = A + B − C）
2×13年12月31日	1 000	90.5	0	1 090.5
2×14年12月31日	1 090.5	98.69	0	1 189.19
2×15年12月31日	1 189.19	107.62	0	1 296.81
2×16年12月31日	1 296.81	117.36	0	1 414.17
2×17年12月31日	1 414.17	130.83*	1 545	0

注：*尾数调整 1 250 + 295 − 1 414.17 = 130.83 万元

根据表3中的数据，甲公司的有关账务处理如下：

(1) 2×13年1月1日，购入乙公司债券。

借：债权投资——成本　　　　　　　　　12 500 000
　　贷：银行存款　　　　　　　　　　　　　　10 000 000
　　　　债权投资——利息调整　　　　　　　　2 500 000

(2) 2×13年12月31日，确认乙公司债券实际利息收入。

借：债权投资——应计利息　　　　　　　　590 000
　　　　　　——利息调整　　　　　　　　315 000
　　贷：投资收益　　　　　　　　　　　　　　905 000

(3) 2×14年12月31日，确认乙公司债券实际利息收入。

借：债权投资——应计利息　　　　　　　　590 000
　　　　　　——利息调整　　　　　　　　396 900
　　贷：投资收益　　　　　　　　　　　　　　986 900

(4) 2×15年12月31日，确认乙公司债券实际利息收入。

借：债权投资——应计利息　　　　　　　　590 000
　　　　　　——利息调整　　　　　　　　486 200
　　贷：投资收益　　　　　　　　　　　　　1 076 200

(5) 2×16年12月31日，确认乙公司债券实际利息收入。

借：债权投资——应计利息　　　　　　　　590 000
　　　　　　——利息调整　　　　　　　　583 600
　　贷：投资收益　　　　　　　　　　　　　1 173 600

(6) 2×17年12月31日，确认乙公司债券实际利息收入、收回债券本金和票面利息。

借：债权投资——应计利息　　　　　　　　590 000
　　　　　　——利息调整　　　　　　　　718 300
　　贷：投资收益　　　　　　　　　　　　　1 308 300

借：银行存款　　　　　　　　　　　　15 450 000
　　贷：债权投资——成本　　　　　　　　12 500 000
　　　　　　——应计利息　　　　　　　　 2 950 000

3. 以公允价值进行后续计量的金融资产的会计处理。

（1）对于以公允价值进行后续计量的金融资产，其公允价值变动形成的利得或损失，除与套期会计有关外，应当按照下列规定处理：

①以公允价值计量且其变动计入当期损益的金融资产的利得或损失，应当计入当期损益。

②按照本准则第十八条分类为以公允价值计量且其变动计入其他综合收益的金融资产所产生的利得或损失，除减值损失或利得和汇兑损益外，均应当计入其他综合收益，直至该金融资产终止确认或被重分类。但是，采用实际利率法计算的该金融资产的利息应当计入当期损益。该类金融资产计入各期损益的金额应当与视同其一直按摊余成本计量而计入各期损益的金额相等。

该类金融资产终止确认时，之前计入其他综合收益的累计利得或损失应当从其他综合收益中转出，计入当期损益。

③对于指定为以公允价值计量且其变动计入其他综合收益的非交易性权益工具投资，除了获得的股利（属于投资成本收回部分的除外）计入当期损益外，其他相关的利得和损失（包括汇兑损益）均应计入其他综合收益，且后续不得转入当期损益。当其终止确认时，之前计入其他综合收益的累计利得或损失应当从其他综合收益中转出，计入留存收益。

（2）企业只有在同时符合下列条件时，才能确认股利收入并计入当期损益：

①企业收取股利的权利已经确立；

②与股利相关的经济利益很可能流入企业；

③股利的金额能够可靠计量。

【例20】 2×13年1月1日，甲公司支付价款1 000万元（含交易费用）从上海证券交易所购入乙公司同日发行的5年期公司债券12 500份，债券票面价值总额为1 250万元，票面年利率为4.72%，于年末支付本年度债券利息（即每年利息为59万元），本金在债券到期时一次性偿还。合同约定，该债券的发行方在遇到特定情况时可以将债券赎回，且不需要为提前赎回支付额外款项。甲公司在购买该债券时，预计发行方不会提前赎回。甲公司根据其管理该债券的业务模式和该债券的合同现金流量特征，将该债券分类为以公允价值计量且其变动计入其他综合收益的金融资产。

其他资料如下：

(1) 2×13年12月31日，乙公司债券的公允价值为1 200万元（不含利息）。

(2) 2×14年12月31日，乙公司债券的公允价值为1 300万元（不含利息）。

(3) 2×15年12月31日，乙公司债券的公允价值为1 250万元（不含利息）。

(4) 2×16年12月31日，乙公司债券的公允价值为1 200万元（不含利息）。

(5) 2×17年1月20日，通过上海证券交易所出售了乙公司债券12 500份，取得价款1 260万元。

假定不考虑所得税、减值等因素，计算该债券的实际利率r：

$$59 \times (1+r)^{-1} + 59 \times (1+r)^{-2} + 59 \times (1+r)^{-3} + 59 \times (1+r)^{-4} + (59+1\ 250) \times (1+r)^{-5} = 1\ 000 \text{（万元）}$$

采用插值法，计算得出r=10%。

表4 单位：万元

日期	现金流入（A）	实际利息收入（B＝期初D×10%）	已收回的本金（C＝A－B）	摊余成本余额（D＝期初D－C）	公允价值（E）	公允价值变动额 F＝E－期初G	公允价值变动累计金额 G＝期初G+F
2×13年1月1日				1 000	1 000	0	0
2×13年12月31日	59	100	－41	1 041	1 200	159	159
2×14年12月31日	59	104	－45	1 086	1 300	55	214
2×15年12月31日	59	109	－50	1 136	1 250	－100	114
2×16年12月31日	59	113	－54	1 190	1 200	－104	10

甲公司的有关账务处理如下：

(1) 2×13年1月1日，购入乙公司债券。

借：其他债权投资——成本　　　　　　12 500 000
　　贷：银行存款　　　　　　　　　　10 000 000
　　　　其他债权投资——利息调整　　 2 500 000

(2) 2×13年12月31日，确认乙公司债券实际利息收入、公允价值变动，收到债券利息。

借：应收利息　　　　　　　　　　　　　590 000
　　其他债权投资——利息调整　　　　　410 000
　　贷：投资收益　　　　　　　　　　1 000 000

借：银行存款　　　　　　　　　　　　　590 000
　　贷：应收利息　　　　　　　　　　　590 000

借：其他债权投资——公允价值变动　　1 590 000
　　贷：其他综合收益——其他债权投资公允价值变动
　　　　　　　　　　　　　　　　　　1 590 000

(3) 2×14 年 12 月 31 日，确认乙公司债券实际利息收入、公允价值变动，收到债券利息。

　　借：应收利息　　　　　　　　　　　　590 000
　　　　其他债权投资——利息调整　　　　450 000
　　　　贷：投资收益　　　　　　　　　　　　1 040 000
　　借：银行存款　　　　　　　　　　　　590 000
　　　　贷：应收利息　　　　　　　　　　　　590 000
　　借：其他债权投资——公允价值变动　　550 000
　　　　贷：其他综合收益——其他债权投资公允价值变动
　　　　　　　　　　　　　　　　　　　　　　550 000

(4) 2×15 年 12 月 31 日，确认乙公司债券实际利息收入、公允价值变动，收到债券利息。

　　借：应收利息　　　　　　　　　　　　590 000
　　　　其他债权投资——利息调整　　　　500 000
　　　　贷：投资收益　　　　　　　　　　　　1 090 000
　　借：银行存款　　　　　　　　　　　　590 000
　　　　贷：应收利息　　　　　　　　　　　　590 000
　　借：其他综合收益——其他债权投资公允价值变动
　　　　　　　　　　　　　　　　　　　　　1 000 000
　　　　贷：其他债权投资——公允价值变动　1 000 000

(5) 2×16 年 12 月 31 日，确认乙公司债券实际利息收入、公允价值变动，收到债券利息。

　　借：应收利息　　　　　　　　　　　　590 000
　　　　其他债权投资——利息调整　　　　540 000
　　　　贷：投资收益　　　　　　　　　　　　1 130 000
　　借：银行存款　　　　　　　　　　　　590 000
　　　　贷：应收利息　　　　　　　　　　　　590 000

借：其他综合收益——其他债权投资公允价值变动
　　　　　　　　　　　　　　　　　1 040 000
　　贷：其他债权投资——公允价值变动　　1 040 000

(6) 2×17年1月20日，确认出售乙公司债券实现的损益。

借：银行存款　　　　　　　　　　　　12 600 000
　　其他综合收益——其他债权投资公允价值变动
　　　　　　　　　　　　　　　　　　100 000
　　其他债权投资——利息调整　　　　600 000
　　贷：其他债权投资——成本　　　　12 500 000
　　　　投资收益　　　　　　　　　　　800 000

【例21】2×16年1月1日，甲公司从二级市场购入丙公司债券，支付价款合计1 020 000元（含已到付息期但尚未领取的利息20 000元），另发生交易费用20 000元。该债券面值1 000 000元，剩余期限为2年，票面年利率为4%，每半年末付息一次，其合同现金流量特征满足仅为对本金和以未偿付本金金额为基础的利息的支付。甲公司根据其管理该债券的业务模式和该债券的合同现金流量特征，将该债券分类为以公允价值计量且其变动计入当期损益的金融资产。其他资料如下：

(1) 2×16年1月5日，收到丙公司债券2×15年下半年利息20 000元。

(2) 2×16年6月30日，丙公司债券的公允价值为1 150 000元（不含利息）。

(3) 2×16年7月5日，收到丙公司债券2×16年上半年利息。

(4) 2×16年12月31日，丙公司债券的公允价值为1 100 000元（不含利息）。

(5) 2×17年1月5日，收到丙公司债券2×16年下半年利息。

(6) 2×17年6月20日，通过二级市场出售丙公司债券，取得价款1 180 000元（含1季度利息10 000元）。

假定不考虑其他因素，甲公司的账务处理如下：

(1) 2×16年1月1日，从二级市场购入丙公司债券。

借：交易性金融资产——成本　　　　　　　　1 000 000
　　应收利息　　　　　　　　　　　　　　　　　20 000
　　投资收益　　　　　　　　　　　　　　　　　20 000
　　贷：银行存款　　　　　　　　　　　　　　1 040 000

(2) 2×16年1月5日，收到该债券2×15年下半年利息20 000元。

借：银行存款　　　　　　　　　　　　　　　　20 000
　　贷：应收利息　　　　　　　　　　　　　　　20 000

(3) 2×16年6月30日，确认丙公司债券公允价值变动和投资收益。

借：交易性金融资产——公允价值变动　　　　　150 000
　　贷：公允价值变动损益　　　　　　　　　　150 000

借：应收利息　　　　　　　　　　　　　　　　20 000
　　贷：投资收益　　　　　　　　　　　　　　　20 000

(4) 2×16年7月5日，收到丙公司债券2×16年上半年利息。

借：银行存款　　　　　　　　　　　　　　　　20 000
　　贷：应收利息　　　　　　　　　　　　　　　20 000

(5) 2×16年12月31日，确认丙公司债券公允价值变动和投资收益。

借：公允价值变动损益　　　　　　　　　　　　50 000
　　贷：交易性金融资产——公允价值变动　　　　50 000

借：应收利息　　　　　　　　　　　　　　　　20 000
　　贷：投资收益　　　　　　　　　　　　　　　20 000

(6) 2×17年1月5日，收到丙公司债券2×16年下半年利息。

借:银行存款　　　　　　　　　　　　　　　20 000
　　贷:应收利息　　　　　　　　　　　　　　　20 000

(7) 2×17年6月20日,通过二级市场出售丙公司债券。

借:银行存款　　　　　　　　　　　　　　1 180 000
　　贷:交易性金融资产——成本　　　　　　1 000 000
　　　　　　　　　　——公允价值变动　　　 100 000
　　　　投资收益　　　　　　　　　　　　　　80 000

【例22】2×16年5月6日,甲公司支付价款1 016万元(含交易费用1万元和已宣告发放现金股利15万元),购入乙公司发行的股票200万股,占乙公司有表决权股份的0.5%。甲公司将其指定为以公允价值计量且其变动计入其他综合收益的非交易性权益工具投资。

2×16年5月10日,甲公司收到乙公司发放的现金股利15万元。

2×16年6月30日,该股票市价为每股5.2元。

2×16年12月31日,甲公司仍持有该股票;当日,该股票市价为每股5元。

2×17年5月9日,乙公司宣告发放股利4 000万元。

2×17年5月13日,甲公司收到乙公司发放的现金股利。

2×17年5月20日,甲公司由于某特殊原因,以每股4.9元的价格将股票全部转让。

假定不考虑其他因素,甲公司的账务处理如下:

(1) 2×16年5月6日,购入股票。

借:应收股利　　　　　　　　　　　　　　　150 000
　　其他权益工具投资——成本　　　　　　10 010 000
　　贷:银行存款　　　　　　　　　　　　10 160 000

(2) 2×16年5月10日,收到现金股利。

借：银行存款　　　　　　　　　　　　　150 000
　　贷：应收股利　　　　　　　　　　　　　　150 000

(3) 2×16年6月30日，确认股票价格变动。

借：其他权益工具投资——公允价值变动　　390 000
　　贷：其他综合收益——其他权益工具投资公允价值变动
　　　　　　　　　　　　　　　　　　　　　390 000

(4) 2×16年12月31日，确认股票价格变动。

借：其他综合收益——其他权益工具投资公允价值变动
　　　　　　　　　　　　　　　　　　　400 000
　　贷：其他权益工具投资——公允价值变动　400 000

(5) 2×17年5月9日，确认应收现金股利。

借：应收股利　　　　　　　　　　　　　200 000
　　贷：投资收益　　　　　　　　　　　　　　200 000

(6) 2×17年5月13日，收到现金股利。

借：银行存款　　　　　　　　　　　　　200 000
　　贷：应收股利　　　　　　　　　　　　　　200 000

(7) 2×17年5月20日，出售股票。

借：盈余公积——法定盈余公积　　　　　　1 000
　　利润分配——未分配利润　　　　　　　　9 000
　　贷：其他综合收益——其他权益工具投资公允价值变动
　　　　　　　　　　　　　　　　　　　　　10 000

借：银行存款　　　　　　　　　　　　9 800 000
　　其他权益工具投资——公允价值变动　　10 000
　　盈余公积——法定盈余公积　　　　　　20 000
　　利润分配——未分配利润　　　　　　　180 000
　　贷：其他权益工具投资——成本　　　　10 010 000

如果甲公司根据其管理乙公司股票的业务模式和乙公司股票的

合同现金流量特征,将乙公司股票分类为以公允价值计量且其变动计入当期损益的金融资产,且 2×16 年 12 月 31 日乙公司股票市价为每股 4.8 元,其他资料不变,则甲公司应作如下账务处理:

(1) 2×16 年 5 月 6 日,购入股票。

借:应收股利 150 000
　　交易性金融资产——成本 10 000 000
　　投资收益 10 000
　　贷:银行存款 10 160 000

(2) 2×16 年 5 月 10 日,收到现金股利。

借:银行存款 150 000
　　贷:应收股利 150 000

(3) 2×16 年 6 月 30 日,确认股票价格变动。

借:交易性金融资产——公允价值变动 400 000
　　贷:公允价值变动损益 400 000

(4) 2×16 年 12 月 31 日,确认股票价格变动。

借:公允价值变动损益 800 000
　　贷:交易性金融资产——公允价值变动 800 000

注:公允价值变动 = 200 × (4.8 − 5.2) = −80(万元)

(5) 2×17 年 5 月 9 日,确认应收现金股利。

借:应收股利 200 000
　　贷:投资收益 200 000

(6) 2×17 年 5 月 13 日,收到现金股利。

借:银行存款 200 000
　　贷:应收股利 200 000

(7) 2×17 年 5 月 20 日,出售股票。

借:银行存款 9 800 000
　　交易性金融资产——公允价值变动 400 000

贷：交易性金融资产——成本 10 000 000
　　投资收益 200 000

（三）金融负债的后续计量

1. 金融负债后续计量原则。

企业应当按照以下原则对金融负债进行后续计量：

（1）以公允价值计量且其变动计入当期损益的金融负债，应当按照公允价值进行后续计量。

（2）金融资产转移不符合终止确认条件或继续涉入被转移金融资产所形成的金融负债。对此类金融负债，企业应当按照《企业会计准则第23号——金融资产转移》相关规定进行计量。

（3）不属于指定为以公允价值计量且其变动计入当期损益的金融负债的财务担保合同或没有指定为以公允价值计量且其变动计入当期损益并将以低于市场利率贷款的贷款承诺，企业作为此类金融负债发行方的，应当在初始确认后按照依据本准则第八章所确定的损失准备金额以及初始确认金额扣除依据《企业会计准则第14号——收入》相关规定所确定的累计摊销额后的余额孰高进行计量。

（4）上述金融负债以外的金融负债，应当按摊余成本进行后续计量。

2. 金融负债后续计量的会计处理。

（1）对于以公允价值进行后续计量的金融负债，其公允价值变动形成利得或损失，除与套期会计有关外，应当计入当期损益。

【例23】2×16年7月1日，甲公司经批准在全国银行间债券市场公开发行10亿元人民币短期融资券，期限为1年，票面年利率5.58%，每张面值为100元，到期一次还本付息。所募集资金主要用于公司购买生产经营所需的原材料及配套件等。公司将该短期融资券指定为以公允价值计量且其变动计入当期损益的金融负债。假定不考虑发行短期融资券相关的交易费用以及企业自身信用风险变动。

2×16年12月31日，该短期融资券市场价格每张120元（不含利息）；2×17年6月30日，该短期融资券到期兑付完成。

据此，甲公司账务处理如下（金额单位：万元）：

(1) 2×16年7月1日，发行短期融资券。

借：银行存款　　　　　　　　　　　　　　100 000
　　贷：交易性金融负债　　　　　　　　　　100 000

(2) 2×16年12月31日，年末确认公允价值变动和利息费用。

借：公允价值变动损益　　　　　　　　　　20 000
　　贷：交易性金融负债　　　　　　　　　　20 000
借：财务费用　　　　　　　　　　　　　　2 790
　　贷：应付利息　　　　　　　　　　　　　2 790

(3) 2×17年6月30日，短期融资券到期。

借：财务费用　　　　　　　　　　　　　　2 790
　　贷：应付利息　　　　　　　　　　　　　2 790
借：交易性金融负债　　　　　　　　　　　120 000
　　应付利息　　　　　　　　　　　　　　5 580
　　贷：银行存款　　　　　　　　　　　　　105 580
　　　　公允价值变动损益　　　　　　　　　20 000

(2) 以摊余成本计量且不属于任何套期关系一部分的金融负债所产生的利得或损失，应当在终止确认时计入当期损益或在按照实际利率法摊销时计入相关期间损益。

企业与交易对手方修改或重新议定合同，未导致金融负债终止确认，但导致合同现金流量发生变化的，应当重新计算该金融负债的账面价值，并将相关利得或损失计入当期损益。重新计算的该金融负债的账面价值，应当根据将重新议定或修改的合同现金流量按金融负债的原实际利率或按《企业会计准则第24号——套期会计》第二十三条规定的重新计算的实际利率（如适用）折现的现值确定。对于修改或重新议定合同所产生的所有成本或费用，企业应当调整修改后的金融负债账面价值，并在修改后金融负债的剩余期限内进行摊销。

【例24】 甲公司发行公司债券为建造专用生产线筹集资金。有关资料如下：

（1）2×13年12月31日，委托证券公司以7 755万元的价格发行3年期分期付息公司债券。该债券面值为8 000万元，票面年利率4.5%，实际年利率5.64%，每年付息一次，到期后按面值偿还。假定不考虑发行公司债券相关的交易费用。

（2）生产线建造工程采用出包方式，于2×14年1月1日开始动工，发行债券所得款项当日全部支付给建造承包商，2×15年12月31日所建造生产线达到预定可使用状态。

（3）假定各年度利息的实际支付日期均为下年度的1月10日；2×17年1月10日支付2×16年度利息，一并偿付面值。

（4）所有款项均以银行存款支付。

据此，甲公司计算得出该债券在各年末的摊余成本、应付利息金额、当年应予资本化或费用化的利息金额、利息调整的本年摊销和年末余额。有关结果如表5所示：

表5   金额单位：万元

时间		2×13年12月31日	2×14年12月31日	2×15年12月31日	2×16年12月31日
年末摊余成本	面值	8 000	8 000	8 000	8 000
	利息调整	-245	-167.62	-85.87	0
	合计	7 755	7 832.38	7 914.13	8 000

续表

时间	2×13年12月31日	2×14年12月31日	2×15年12月31日	2×16年12月31日
当年应予资本化或费用化的利息金额		437.38	441.75	445.87
年末应付利息金额		360	360	360
"利息调整"本年摊销额		77.38	81.75	85.87

相关账务处理如下：

(1) 2×13年12月31日，发行债券。

借：银行存款　　　　　　　　　　　77 550 000
　　应付债券——利息调整　　　　　 2 450 000
　　贷：应付债券——面值　　　　　80 000 000

(2) 2×14年12月31日，确认和结转利息。

借：在建工程　　　　　　　　　　　 4 373 800
　　贷：应付利息　　　　　　　　　 3 600 000
　　　　应付债券——利息调整　　　　 773 800

(3) 2×15年1月10日，支付利息。

借：应付利息　　　　　　　　　　　 3 600 000
　　贷：银行存款　　　　　　　　　 3 600 000

(4) 2×15年12月31日，确认和结转利息。

借：在建工程　　　　　　　　　　　 4 417 500
　　贷：应付利息　　　　　　　　　 3 600 000
　　　　应付债券——利息调整　　　　 817 500

(5) 2×16年1月10日，支付利息。

借：应付利息　　　　　　　　　　　 3 600 000
　　贷：银行存款　　　　　　　　　 3 600 000

(6) 2×16年12月31日，确认和结转利息。

借：财务费用　　　　　　　　　　　　　　4 458 700
　　贷：应付利息　　　　　　　　　　　　　　3 600 000
　　　　应付债券——利息调整　　　　　　　　 858 700

(7) 2×17年1月10日，债券到期兑付。

借：应付利息　　　　　　　　　　　　　　3 600 000
　　应付债券——面值　　　　　　　　　　 80 000 000
　　贷：银行存款　　　　　　　　　　　　　83 600 000

3. 指定为公允价值计量的金融负债自身信用风险变动的会计处理。

(1) 信用风险的含义。

信用风险，是指金融工具的一方不履行义务，造成另一方发生财务损失的风险。金融负债信用风险引起的公允价值变动与金融负债发行人未能履行特定金融负债义务的风险相关。这一风险未必与发行人的特定信用状况相关。例如，企业发行一项担保负债和一项无担保负债（假定这两项负债的其他条件完全相同），虽然上述两项负债是由同一个企业发行的，但其信用风险也不同。担保负债的信用风险低于无担保负债的信用风险且有可能几乎为零。

需要注意的是，信用风险不同于与特定资产相关的业绩风险。特定资产相关的业绩风险与企业未能履行特定义务的风险无关，而是与单项或一组金融资产的业绩较差或完全不履约的风险有关。例如，以下两种情况与特定资产的业绩风险有关：

①具有投资连结特征的负债，合同规定应付给投资者的金额将基于特定资产的业绩情况确定。该投资连结特征对负债公允价值的影响即为与特定资产相关的业绩风险，而非信用风险。

②具有以下特征的结构化主体所发行的负债：该结构化主体在法律上是独立的，其资产受破产隔离的保护，唯一的受益者是投资者；该主体未发生任何其他交易，且该主体的资产也无法用作抵押；

仅当受破产隔离保护的资产产生现金流量时,该主体才承担向其投资者支付一定金额的义务。这种情况下,负债的公允价值变动主要反映资产的公允价值变动。此类资产的业绩情况对负债公允价值的影响即为与特定资产相关的业绩风险,而不是信用风险。

(2) 信用风险变化影响的确定。

一般情况下,企业应当从金融负债的公允价值变动金额中扣除由于市场风险因素引起的市场风险变化所导致的公允价值变动金额,来确定由信用风险引起的公允价值变动金额。市场风险因素包括基准利率变动、其他企业(或结构化主体)的金融工具价格变动、商品价格变动、外汇汇率变动,以及价格指数或利率指数变动等。如果企业认为有其他方法能够更公允地计量由信用风险引起的公允价值变动金额,可使用其他方法。

如果计量上述市场风险的唯一变量是可观察基准利率,对于信用风险变动引起的金融负债的公允价值变动金额,企业可以按下列步骤估计:

首先,运用该金融负债的期初公允价值和期初合同现金流量计算出内含报酬率。从该内含报酬率中减去期初可观察基准利率,得到与该金融负债特定相关的部分。

其次,计算出该金融负债期末合同现金流量的现值。使用的折现率为以下两者之和:①期末可观察基准利率;②内含报酬率中与该金融负债特定相关的利率部分。该现值代表企业信用风险不变情况下,该负债期末应当具有的公允价值。

最后,该金融负债的期末公允价值与上述计算出的金融负债期末合同现金流量的现值之间的差额,即为信用风险变动引起的金融负债的公允价值变动金额。

在运用以上方法时,假设除信用风险和利率风险之外的因素所导致的该金融负债公允价值变动金额不重大。如果金融负债中包含嵌入衍生工具，则在计算信用风险变动引起的金融负债的公允价值变动金额时，应扣除嵌入衍生工具的公允价值变动金额。

此外，与所有公允价值计量一样，企业用于确定由金融负债信用风险变动引起的金融负债公允价值变动的计量方法，必须最大限度地使用相关的可观察输入值，尽可能少使用不可观察输入值。

【例25】2×17年1月1日，甲公司按面值发行5年期债券，面值为500 000 000元，票面年利率为5%，每季度末付息，到期一次性还本。甲公司将该债券指定为以公允价值计量且其变动计入当期损益的金融负债。

假设甲公司发行该债券无其他交易费用，该债券信用评级为AAA级，发行时的公允价值等于面值。甲公司采用SHIBOR作为可观察基准利率，2×17年1月1日，SHIBOR为4%。2×17年12月31日，评级公司将甲公司的信用评级下调为A级，该债券公允价值为473 769 002元，SHIBOR上升至5%。假设除信用风险和利率风险之外的因素所导致的该金融负债公允价值变动金额均不重大。

本例中，2×17年12月31日，由甲公司自身信用风险变动所引起的该债券的公允价值变动部分计算如下：

1. 2×17年1月1日，该债券的内含报酬率为5%（发行时的公允价值等于其面值，因此内含报酬率等于票面利率），期初可观察基准利率为4%，则与该金融负债特定相关的部分为1%。

2. 2×17年12月31日，该债券未来合同现金流量的折现率为6%（1%+5%）。该债券合同现金流量现值为482 674 472元。

3. 2×17年12月31日，该债券的公允价值与上述合同现金流量现值的差额为8 905 470元（482 674 472 - 473 769 002），即为信用风险变动引起的金融负债的公允价值变动金额。

（3）金融负债自身信用风险变动的会计处理原则。

企业根据本准则规定将金融负债指定为以公允价值计量且其变

动计入当期损益的金融负债的，该金融负债所产生的利得或损失应当按照下列规定进行处理：

①由企业自身信用风险变动引起的该金融负债公允价值的变动金额，应当计入其他综合收益；

②该金融负债的其他公允价值变动计入当期损益。

该金融负债终止确认时，之前计入其他综合收益的累计利得或损失应当从其他综合收益中转出，计入留存收益。

按照上述①的规定对该金融负债的自身信用风险变动的影响进行处理会造成或扩大损益中的会计错配的，企业应当将该金融负债的全部利得或损失（包括企业自身信用风险变动的影响金额）计入当期损益。

为确定将金融负债自身信用风险变动的影响计入其他综合收益是否会造成或扩大损益中的会计错配，企业必须评估金融负债信用风险变动的影响预期是否会被损益中另一项以公允价值计量且其变动计入当期损益的金融工具的公允价值变动所抵销。企业做出上述评估，应当以该金融负债的特征与另一金融工具的特征之间的经济关系为基础。企业应当在金融负债初始确认时做出上述评估，且不得重新评估。一般情况下，企业对类似的经济关系应当保持一致的评估方法。

实务中，企业无需在同一时点确认产生会计错配的所有资产和负债。只要其余的交易预期会发生，允许有合理的递延。

十一、关于金融工具的减值

（一）概述

本准则对金融工具减值的规定通常称为"预期信用损失法"。该方法与过去规定的、根据实际已发生减值损失确认减值准备的方法有着根本性不同。在预期信用损失法下，减值准备的计提不以减值的实际发生为前提，而是以未来可能的违约事件造成的损失的期望值来计量当前（资产负债表日）应当确认的减值准备。

1. 预期信用损失的定义。

预期信用损失，是指以发生违约的风险为权重的金融工具信用损失的加权平均值。这里的发生违约的风险，可以理解为发生违约的概率。这里的信用损失，是指企业根据合同应收的现金流量与预期能收到的现金流量之间的差额（以下称现金流缺口）的现值。根据现值的定义，即使企业能够全额收回合同约定的金额，但如果收款时间晚于合同规定的时间，也会产生信用损失。

2. 适用减值规定的金融工具。

如果一项金融工具可能受到该工具发行方、担保方或者其他相关方（如被担保方）信用风险的影响而造成企业未来现金流量的减少或者流出，且该影响不能通过本准则第七章"金融工具的计量"和第九章"利得和损失"相关规定反映在企业当期损益中，则该工具应当适用本准则关于金融工具减值的规定。

注意本准则金融工具减值规定的适用范围大于本准则整体适用范围，不仅包括金融资产（通常为企业持有的债务工具），还包括本准则范围以外的资产（如合同资产）、某些金融负债或者尚未确认的确定承诺。具体包括以下各项：

（1）按照本准则第十七条分类为以摊余成本计量的金融资产（含应收款项）；

（2）按照本准则第十八条分类为以公允价值计量且其变动计入其他综合收益的金融资产；

（3）租赁应收款；

（4）《企业会计准则第14号——收入》定义的合同资产；

（5）企业做出的贷款承诺，以公允价值计量且其变动计入当期损益的金融负债除外；

（6）本准则第二十一条第一款第（三）项规定的财务担保合同。

3. 金融工具减值的三阶段。

按照本准则相关规定，可以将金融工具发生信用减值的过程分为三个阶段，对于不同阶段的金融工具的减值有不同的会计处理方法：

（1）信用风险自初始确认后未显著增加（第一阶段）。

对于处于该阶段的金融工具，企业应当按照未来12个月的预期信用损失计量损失准备，并按其账面余额（即未扣除减值准备）和实际利率计算利息收入（若该工具为金融资产，下同）。

（2）信用风险自初始确认后已显著增加但尚未发生信用减值（第二阶段）。

对于处于该阶段的金融工具，企业应当按照该工具整个存续期的预期信用损失计量损失准备，并按其账面余额和实际利率计算利息收入。

（3）初始确认后发生信用减值（第三阶段）。

对于处于该阶段的金融工具，企业应当按照该工具整个存续期的预期信用损失计量损失准备，但对利息收入的计算不同于处于前两阶段的金融资产。对于已发生信用减值的金融资产，企业应当按其摊余成本（账面余额减已计提减值准备，也即账面价值）和实际利率计算利息收入。

上述三阶段的划分，适用于购买或源生时未发生信用减值的金融工具。对于购买或源生时已发生信用减值的金融资产，企业应当仅将初始确认后整个存续期内预期信用损失的变动确认为损失准备，并按其摊余成本和经信用调整的实际利率计算利息收入。

（二）对信用风险显著增加的评估

1. 一般原则。

企业应当在资产负债表日评估金融工具信用风险自初始确认后是否已显著增加。这里的信用风险，是指发生违约的概率。

（1）判断标准。

企业应当通过比较金融工具在初始确认时所确定的预计存续期内的违约概率和该工具在资产负债表日所确定的预计存续期内的违约概率，来判定金融工具信用风险是否显著增加。

企业需要注意以下几点：

①这里的违约概率，是指在某一时点上所确定的未来期间发生违约的概率，而不是在该时点发生违约的概率。企业应当以此口径理解本准则第五十二条所说的"资产负债表日发生违约的风险"和"初始确认日发生违约的风险"。

②对于贷款承诺和财务担保合同，由于其在资产负债表日可能尚未在资产负债表中确认，或者在确认前已经对企业形成信用风险敞口，因此其初始确认日的定义不同于其他金融工具，而应当是该企业做出的不可撤销承诺的生效日。注意这里的初始确认日不一定是承诺日，因为企业做出承诺后，该承诺可能需要履行一定的程序或者满足一定的条件才能生效。

③因为预计存续期与违约风险之间的复杂关系，企业在对信用

风险的变化进行评估时，不能简单地比较违约风险随时间推移的绝对变化。例如，如果一项预计存续期为 10 年的金融工具在初始确认时确定的违约概率，与后来预计存续期仅剩 5 年时确定的违约概率相同，则可能表明其信用风险已经增加。因为一般而言，在信用风险不变的情况下，金融工具的存续期越长，则违约概率越高。随着存续期的消减，违约概率一般也逐渐降低（对于仅在临近到期日才具有重大付款义务的金融工具而言，发生违约的概率不一定随时间的推移而降低）。

实务中，企业可以用未来 12 个月内发生违约风险的变化作为整个存续期内发生违约风险变化的合理估计，以确定自初始确认后信用风险是否已显著增加。但是，在某些情形下可能并不适合使用未来 12 个月内发生违约风险的变化来确定是否应当确认整个存续期预期信用损失。例如，合同现金流在预计存续期内不均匀分布，其在未来 12 个月内没有现金流；或者未来 12 个月的违约风险不能充分反映相关的宏观经济因素或其他信用因素的变化。

④对于自初始确认后信用风险变化的显著性，应当在与初始确认时确定的违约概率相比较的基础上进行考虑。假如违约概率变化的绝对值一定，则初始确认时违约概率较低的金融工具与初始确认时违约概率较高的金融工具相比，其信用风险变化更为显著。

（2）评估信用风险变化所考虑的因素。

在确定金融工具的信用风险水平时，企业应当考虑以合理成本即可获得的、可能影响金融工具信用风险的、合理且有依据的信息。合理成本即无须付出不必要的额外成本或努力。

企业在评估中可能需要考虑的因素包括：

①信用风险变化所导致的内部价格指标的显著变化。例如，同一金融工具或具有相同条款及相同交易对手的类似金融工具，在最近期间发行时的信用利差相对于过去发行时的变化。

②若现有金融工具在报告日作为新金融工具源生或发行，该金融工具的利率或其他条款将发生的显著变化（如更严格的合同条款、增加抵押品或担保物或者更高的收益率等）。

③同一金融工具或具有相同预计存续期的类似金融工具的信用风险的外部市场指标的显著变化。这些指标包括：1）信用利差；2）针对借款人的信用违约互换价格；3）金融资产的公允价值小于其摊余成本的时间长短和程度；4）与借款人相关的其他市场信息（如借款人的债务工具或权益工具的价格变动）。

④金融工具外部信用评级实际或预期的显著变化。

⑤对借款人实际或预期的内部信用评级下调。如果内部信用评级可与外部评级相对应或可通过违约调查予以证实，则更为可靠。

⑥预期将导致借款人履行其偿债义务的能力发生显著变化的业务、财务或外部经济状况的不利变化。例如，实际或预期的利率上升，实际或预期的失业率显著上升。

⑦借款人经营成果实际或预期的显著变化。例如，借款人收入或毛利率下降、经营风险增加、营运资金短缺、资产质量下降、杠杆率上升、流动比率下降、管理出现问题、业务范围或组织结构变更（例如某些业务分部终止经营）。

⑧同一借款人发行的其他金融工具的信用风险显著增加。

⑨借款人所处的监管、经济或技术环境的显著不利变化。例如，技术变革导致对借款人产品的需求下降。

⑩作为债务抵押的担保物价值或第三方提供的担保或信用增级质量的显著变化。这些变化预期将降低借款人按合同规定期限还款的经济动机或者影响违约概率。例如，如果房价下降导致担保物价值下跌，则借款人可能会有更大动机拖欠抵押贷款。

⑪预期将降低借款人按合同约定期限还款的经济动机的显著变化。例如，母公司或其他关联公司能够提供的财务支持减少，

或者信用增级质量的显著变化。关于信用增级的质量变化，企业应当考虑担保人的财务状况，次级权益预计能否吸收预期信用损失等。

⑫借款合同的预期变更，包括预计违反合同的行为可能导致的合同义务的免除或修订、给予免息期、利率跳升、要求追加抵押品或担保或者对金融工具的合同框架做出其他变更。

⑬借款人预期表现和还款行为的显著变化。例如，一组贷款资产中延期还款的数量或金额增加、接近授信额度或每月最低还款额的信用卡持有人的预期数量增加。

⑭企业对金融工具信用管理方法的变化。例如，企业信用风险管理实务预计将变得更为积极或者对该金融工具更加侧重，包括更密切地监控或更紧密地控制有关金融工具、对借款人实施特别干预。

⑮逾期信息。

在某些情形下，企业通过获得的定性和非统计定量信息，而无须统计模型或信用评级流程处理有关信息，就可以确定金融工具的信用风险是否已显著增加。但在另一些情形下，企业可能需要考虑源自统计模型或信用评级流程的信息。

（3）逾期与信用风险显著增加。

金融资产发生逾期，是指交易对手未按合同规定时间支付约定的款项，既包括本金不能按时足额支付的情况，也包括利息不能按时足额支付的情况。

逾期是金融工具信用风险显著增加的常见结果。因此，逾期可能被作为信用风险显著增加的标志。但是，信用风险显著增加作为逾期的主要原因，通常先于逾期发生。企业只有在难于获得前瞻性信息，从而无法在逾期发生前确定信用风险显著增加的情况下，才能以逾期的发生来确定信用风险的显著增加。换言之，企业应尽可能在逾期发生前确定信用风险的显著增加。

如果以合理成本即可获得合理且有依据的前瞻性信息，企业在确定信用风险是否显著增加时，不得仅依赖逾期信息。然而，如果以合理成本无法获得逾期信息以外的前瞻性信息，企业可采用逾期信息来确定信用风险是否显著增加。

无论企业采用何种方式评估信用风险是否显著增加，如果合同付款逾期超过（含）30日，则通常可以推定金融资产的信用风险显著增加，除非企业以合理成本即可获得合理且有依据的信息，证明即使逾期超过30日，信用风险仍未显著增加。例如，如果未能及时付款是由于管理上的疏忽而并非借款人本身的财务困难所致。再如，企业能够获得的历史统计数据表明，发生违约的风险显著增加与逾期超过30日之间不存在相关性。

企业通常应当在金融工具逾期前确认整个存续期内的预期信用损失，因此，如果企业在逾期超过30日前可以确定信用风险显著增加，那么不得适用上述推定。

类似地，企业也不得将相关金融资产发生信用减值的时点作为其信用风险显著增加并确认整个存续期预期信用损失的时点，不得将企业内部标准构成违约的时点作为信用风险显著增加并确认整个存续期预期信用损失的时点。总之，企业确定信用风险显著增加的时点应当早于实际发生减值的时点，这是"预期信用损失法"的应有之义。

（4）逾期与违约。

企业在确定信用风险时所采用的违约定义，应当与其内部基于信用风险管理目的而采用的违约定义保持一致，并在必要时考虑其他定性指标，例如借款合同对债务人财务指标做出的限制性条款。

实务中，一些企业以逾期达到一定天数作为违约的标准。企业可以根据所处环境和债务工具特点对构成违约的逾期天数做出定义,但是,如果一项金融工具逾期超过(含)90日,则企业应当推定该金融工具已发生违约,除非企业有合理且有依据的信息,表明以更长的逾期时间作为违约标准更为恰当。企业应当对所有相关金融工具一致地适用上述关于违约的规定,除非有证据表明对特定金融工具采用不同的违约标准更为恰当。

通常,在金融资产发生信用减值或者违约之前,信用风险都将显著增加。因此,企业在评估金融工具自初始确认后信用风险是否显著增加时,不能基于在报告日金融资产发生违约的证据。

(5) 以组合为基础的评估。

对于某些金融工具而言,企业在单项工具层面无法以合理成本获得关于信用风险显著增加的充分证据,而在组合基础上评估信用风险是否显著增加则是可行的。例如,对于零售贷款,商业银行可能无法跟踪每个借款人的个人信用变化,从而无法在逾期前识别出信用风险的显著变化。然而,如果所有零售贷款的整体信用风险受当地经济社会环境的影响,银行就应当通过就业率等前瞻性经济指标在组合基础上进行信用风险变化的评估。因此,本准则第四十八条规定了以金融工具组合为基础进行评估的要求。

为在组合基础上进行信用风险变化评估,企业可以共同风险特征为依据,将金融工具分为不同组别,从而使有关评估更为合理并能及时识别信用风险的显著增加。企业不应将具有不同风险特征的金融工具归为同一组别,从而形成不相关的结论。

企业可能采用的共同信用风险特征包括:①金融工具类型;②信用风险评级;③担保物类型;④初始确认日期;⑤剩余合同期限;⑥借款人所处行业;⑦借款人所处地理位置;⑧贷款抵押率(Loan-To-Collateral,LTC)。

企业为评估信用风险变化而确定的金融工具组合,可能会随着单项资产层面以及组合层面的信用风险相关信息的可获得性的变化而变化。例如，如果由于企业信息系统的建设，过去无法获得的个人信用的变化信息现在变为可获得，企业就应当从以组合为基础的评估变更为以单项工具为基础的评估。

（6）合同修改的影响。

在某些情况（如债务重组）下，企业与其交易对手可能会修改或重新议定金融资产合同。如果合同的修改导致现有金融资产的终止确认，并确认修改后的金融资产，企业应当将修改后的金融资产视为新的资产进行减值会计处理。如果合同的修改未导致金融资产终止确认，而导致合同现金流量的时间和金额变化，企业应当按照本准则第五十六条规定进行处理。

①合同修改形成的新金融资产的处理。

对于合同修改形成的新金融资产，企业应当将合同修改日作为新资产的初始确认日。通常情况下，在该金融资产符合本准则第四十八条关于确认整个存续期内预期信用损失的规定之前，企业应当按照12个月内预期信用损失的金额计量其减值准备。但是，在某些特殊情况下，当合同双方做出导致原金融资产终止确认的合同修改后，可能出现表明修改后的新资产在初始确认时已发生信用减值的证据，从而使该金融资产成为一项源生已发生信用减值的资产。

②合同修改未导致终止确认的合同现金流量变化的处理。

该情形下，企业应当基于以合理成本即可获得的、合理且有依据的信息，来评估该金融资产自初始确认（初始确认日不因合同的修改而变化）后信用风险是否已显著增加，而不得将该资产直接假定为具有较低的信用风险。如果企业认为该金融资产在合同修改后不再满足确认整个存续期内预期信用损失的标准，应当按照本准则第五十条处理。通常情况下，只有债务人在一段时期内一贯地表现出良好的还款行为，企业才能认为相关信用风险已经降低。例如，银行对于客户漏付某笔还款或未全额还清的历史记录，通常不能简单地因为其依照修改后的合同条款及时做出了一次还款行为而消除。

2. 特殊情形。

出于简化会计处理、兼顾现行实务的考虑，本准则规定了两类特殊情形。在这两类情形下，企业无需就金融工具初始确认时的信用风险与资产负债表日的信用风险进行比较分析。

（1）较低信用风险。

如果企业确定金融工具的违约风险较低，借款人在短期内履行其支付合同现金流量义务的能力很强，并且即使较长时期内经济形势和经营环境存在不利变化，也不一定会降低借款人履行其支付合同现金流量义务的能力，那么该金融工具可被视为具有较低的信用风险。例如，企业在具有较高信用评级的商业银行的定期存款可能被视为具有较低的信用风险。

对于在资产负债表日具有较低信用风险的金融工具，企业可以不用与其初始确认时的信用风险进行比较，而直接做出该工具的信用风险自初始确认后未显著增加的假定（企业对这种简化处理有选择权）。

金融工具不能仅因其担保物的价值较高而被视为具有较低的信用风险，也不能仅因为其与其他金融工具相比违约风险较低，或者相对于企业所处的地区的信用风险水平而言风险相对较低而被视为具有较低的信用风险。

如果一项金融工具具有"投资级"以上的外部信用评级，则该工具可能被视为具有较低信用风险。当然，金融工具并非一定要具有外部评级才能被视为具有较低的信用风险。但是，企业应当始终从市场参与者（参见《企业会计准则第39号——公允价值计量》

对"市场参与者"的定义）角度而非自身角度，结合金融工具的所有条款来考虑和确定金融工具是否具有较低的信用风险。

如果某项金融工具在上一资产负债表日被视为具有较低信用风险而在当前资产负债表日不被视为具有较低信用风险，企业不能仅因为这一事实就判定其信用风险显著增加，而仍应当通过比较该工具初始确认时的信用风险和当前资产负债表日的信用风险做出判定。

（2）应收款项、租赁应收款和合同资产。

企业对于《企业会计准则第 14 号——收入》所规定的、不含重大融资成分（包括根据该准则不考虑不超过一年的合同中融资成分的情况）的应收款项和合同资产，应当始终按照整个存续期内预期信用损失的金额计量其损失准备（企业对这种简化处理没有选择权）。

除此之外，本准则还允许企业做出会计政策选择，对包含重大融资成分的应收款项、合同资产和《企业会计准则第 21 号——租赁》规范的租赁应收款（可分别对应收款项、合同资产和应收租赁款做出不同的会计政策选择），始终按照相当于整个存续期内预期信用损失的金额计量其损失准备。

3. 信用风险评估示例。

以下示例说明了企业评估金融工具信用风险自初始确认后是否显著增加的一些具体方法。为简便起见，这些示例可能只侧重说明了信用风险评估中的某个或某几个考虑因素。实务中，企业的评估应当是一个涉及多重因素的全面分析过程，必须考虑所有与被评估金融工具相关的、以合理成本即可获取的、合理且有依据的信息。因此，企业不能简单套用这些示例得出信用风险是否显著增加的结论。

【例 26】乙银行为甲公司提供一项贷款。在发放该笔贷款时，与其他具有相似信用风险的发行人相比,甲公司的杠杆率较高,但乙银行预计甲公司在该贷款的存续期内能够履行贷款合同的规定。同时乙银行预计:在该工具存续期内,甲公司所属行业能够产生稳定的收入和现金流量;但在提高现有业务毛利率的能力方面,甲公司所属行业仍然存在一定商业风险。

在初始确认时,乙银行考虑了该工具在初始确认时的信用风险水平,由于该贷款不符合本准则对已发生信用减值的金融资产的定义,因此判断其不属于源生的已发生信用减值的贷款。

自初始确认后,由于宏观经济波动,甲公司所属行业的总体销售情况和甲公司的销售情况发生了下滑,甲公司的收入和现金流量低于其经营计划和乙银行的预计。尽管甲公司已采取措施(例如增加对库存的清理),但其销售情况仍未达到预期水平。为保证流动性,甲公司已提用了另一项循环信贷额度,导致其杠杆率升高。因此,甲公司目前(即乙银行的资产负债表日)已处于对乙银行的贷款违约的边缘。

乙银行在资产负债表日对甲公司进行了总体信用风险评估,全面考虑了自初始确认后,所有与信用风险增加程度的评估相关的、以合理成本即可获得的、合理且有依据的信息。这些信息包括以下因素:

1. 乙银行预计宏观经济环境近期将持续恶化,并对甲公司现金流量和去杠杆的能力进一步产生负面影响。

2. 甲公司距离对乙银行的贷款产生违约越来越近,有可能导致重组贷款或者修改该贷款合同。

3. 乙银行评估发现,甲公司所发行的债券的交易价格已下降,且新取得的贷款的信用利差已提高,这反映了其信用风险已经增加。而且,上述变化与市场环境的变化无关(例如基准利率在此期间保持不变)。通过进一步与甲公司同行业其他公司的情况进行比较,乙银行发现甲公司所发行的债券价格的下跌及其贷款信用利差的提高,很可能是由甲公司特有的因素造成的。

4. 乙银行根据反映信用风险增加的可获得信息,重新评估了该贷款的内部风险评级。

本例中,按照本准则第四十八条的规定,乙银行对甲公司的贷款自初始确认后信用风险已显著增加。因此,乙银行对该贷款确认了整个存续期内的预期信用损失。

在本例中,乙银行调整了对甲公司贷款的内部风险评级。是否调整风险评级这一行动本身,并不是确定自初始确认后信用风险是否显著增加的决定性因素。即使乙银行尚未调整该贷款的内部风险评级,仍然将得出上述结论。

【例27】甲公司是乙集团的控股公司,乙集团从事生产经营所处的行业具有周期性。丙银行向甲公司发放了一笔贷款。在发放该贷款时,由于预期该行业的全球需求将进一步增长,因此丙银行认为:该行业的总体前景看好;但考虑到原料价格的波动性,以及该行业在经营周期中所处的位置,预计销量会有所下降。

此外,甲公司以往一直致力于扩大经营规模,不断通过收购相关行业公司的多数股份实现外部增长。因此,乙集团结构复杂并且一直在发生变化。投资者很难对乙集团的预期绩效进行准确分析并对甲公司在控股公司层面可用的现金流量进行预测。在丙银行向甲公司发放贷款时,尽管甲公司的债权人普遍认为其杠杆率尚处于可接受的程度,但由于甲公司有融资即将到期,债权人仍然担心甲公司为其现有债务开展再融资的能力。此外,债权人还担心甲公司是否有能力继续使用其从子公司分得的股息支付当前债务的利息。

在丙银行发放贷款时,基于对该贷款预期存续期内的预测,甲公司的杠杆率与其他的具有相似信用风险的银行客户的杠杆率基本一致。如果不发生违约事件,甲公司的偿债能力比率距离上限还有很大空间。丙银行运用其自有的内部评级方法确定对甲公司贷款的信用风险,得到该贷款的内部信用评级。该内部评级结果以历史、当前和前瞻性信息为基础,旨在反映贷款在存续期内的信用风险。在初始确认时,丙银行认为:该贷款属于高信用风险贷款,具有一定投机因素;认为甲公司受不确定因素(例如对乙集团产生现金流量的不确定性预期)的影响可能导致违约。但是,该贷款尚不属于购入或源生的已发生信用减值的金融资产。

在丙银行的资产负债表日之前,甲公司发布公告,由于市场条件持续恶化,乙集团的5家重要子公司中的3家销量锐减,但根据对行业周期的预期,这些子公司的销售情况预计将在今后数月中得到显著改善。乙集团的另外2家子公司的销量稳定。此外,甲公司还公告宣布,将进行公司重组以整合各子公司。这次公司重组将提高为现有债务进行再融资的灵活性,并提升子公司向甲公司支付股息的能力。

本例中,尽管预计市场条件会继续恶化,按照本准则第四十八条规定,丙银行认为对甲公司贷款的信用风险自初始确认后并无显著增加。证明因素如下:

1. 尽管当前销量下降,但丙银行在初始确认时已预计到这一情况。与丙银行在初始确认时的预期相比,这一因素尚未导致更负面的变化。此外,丙银行也预计在接下来的数月中,乙集团的销量将有所改善。

2. 考虑到子公司层面对现有债务进行再融资的灵活性得以提高,并且子公司向甲公司支付股息的能力提高,丙银行认为这次公司重组将导致信用提升。不过,丙银行对甲公司在控股公司层面对现有债务进行再融资的能力仍然存在一些担心。

3. 丙银行内部负责跟踪甲公司信用风险的部门认为,各种最新进展尚不足以证明需要变更对甲公司贷款的内部信用风险级别。

因此，丙银行未对该贷款按整个存续期内预期信用损失确认损失准备，但对12个月内预期信用损失的计量进行了更新。

【例28】 为取得一项不动产，甲公司从乙银行借入一笔5年期贷款，并以该不动产作为该笔贷款的抵押，贷款抵押率（贷款对担保物价值的比率）为50%。该笔贷款在该不动产的担保顺序上排在第一位。在初始确认时，乙银行认为该贷款不属于本准则所定义的源生的已发生信用减值的贷款。

自初始确认后，由于宏观经济环境趋差，甲公司的收入和营业利润下降。此外，市场预计监管部门对甲公司所属行业的监管要求可能趋于严格，因而可能进一步对甲公司的收入和营业利润产生负面影响。上述变化可能对甲公司的运营产生重大且持续的负面影响。

由于上述近期最新情况以及预计会出现不利经济状况，乙银行预计甲公司的自由现金流量将下降到按合同偿还贷款可能非常紧张的程度。同时乙银行估计，如果甲公司的现金流量状况进一步恶化，将可能致使对该公司的贷款无法按合同规定按时偿还，即发生逾期。

此外，近期的第三方评估结果表明，由于房地产价值下跌，该贷款的抵押率已升至70%。

本例中，在资产负债表日，乙银行不能认为对甲公司的贷款只具有较低的信用风险。因此，乙银行应当按照本准则第四十八条规定，不考虑其持有担保物的影响，评估甲公司的信用风险自初始确认后是否显著增加。乙银行评估发现，现金流量此时即使出现微小恶化都可能导致甲公司无法按合同规定按时还款，因此该贷款在资产负债表日具有高信用风险。所以，乙银行认为，该贷款的信用风险（即违约的风险）自初始确认后已显著增加。因而该银行对甲公司的贷款确认了整个存续期内的预期信用损失。

尽管乙银行对该贷款确认了整个存续期内的预期信用损失，但是乙银行对预期信用损失的计量应当反映预期自担保物上收回的金额（见下文关于预期信用损失计量中担保物的影响部分），因此该贷款的预期信用损失可能较小。

【例29】甲公司是一家大型全国性物流上市公司。其资本结构中唯一的债务是一项五年期的公开发行的债券。根据该债券募集合同的规定，甲公司不能进一步举债。甲公司按季度向其股东发布报告。乙基金是该债券众多投资方之一。乙基金在初始确认时认为：债券的违约风险较低，并且甲公司在短期内具有较强的偿债能力；长期来看，经济形势和经营环境存在发生不利变化的可能，但未必一定导致甲公司偿付该债券能力的降低。因此，乙基金对该债券的内部信用评级等同于国际信用评级的投资级。

在资产负债表日，乙基金对于该债券信用风险的担忧，主要是甲公司营业额所面临的持续压力，这种压力有可能导致甲公司经营活动现金流量下降。

因为乙基金仅为甲公司的债券投资人，仅能依赖公开的年报和中期报告，无法取得进一步的非公开信用风险信息，所以其对信用风险变化的评估全部取决于甲公司的公告和其他公开信息，包括评级机构发布的消息和新闻中提到的相关信息。

本例中，乙基金希望对该债券投资采用低信用风险简化处理。因此，在报告日，乙基金使用所有以合理成本即可获得的、合理且有依据的信息，评估该债券是否属于低信用风险。在这一评估中，乙基金对该债券的内部信用评级进行了重新评估，并认为该债券不再等同于外部信用评级中的投资级债券，理由如下：

1. 甲公司的最新季报显示，其营业收入同比下降20%，营业利润同比下降12%。

2. 评级机构对于甲公司的盈利预告做出负面反应，并对其信用级别进行复核以确定是否需要将其由投资级降至非投资级。不过，在报告日，外部信用风险评级暂时保持不变。

3. 该债券的价格显著下跌，导致到期收益率增高。乙基金认为，该债券价格的下跌是由甲公司信用风险增加引起的。因为乙基金发现，市场环境并未改变（例如基准利率、流动性等未发生变化），与其同行业企业所发行债券的价格比较可知，该债券价格的下跌可能是甲公司特有因素所导致的，而不是其他一般信用风险指标（例如基准利率变动）导致的。

尽管甲公司目前尚能履行合同义务进行偿付，但其所处的不利经济形势和经营环境导致了重大不确定因素，增加了该债券的违约风险。鉴于上述原因，乙基金认为，该债券在资产负债表日不再属于只具有较低信用风险的金融资产。因此，乙基金决定评估该债券自初始确认后信用风险是否已显著增加。经过评估，乙基金认为，该债券的信用风险自初始确认后已显著增加。

【例30】甲银行在三个不同地区经营住房抵押贷款，发放的抵押贷款涉及多种贷款抵押率和不同的收入阶层。根据其抵押贷款申请流程，客户需要提供各种相关信息，例如客户从事的行业以及抵押房产所在地的地址等。

甲银行的住房抵押贷款审批标准以信用评分为基础。对于信用评分在"正常"以上的贷款申请，甲银行认为借款人有能力按合同规定履行偿还贷款的义务，其信用状况是"可接受的"，因而将批准对其发放贷款。甲银行确定初始确认时的违约风险同样以信用评分为基础。

在资产负债表日，甲银行认为其开展住房抵押贷款业务的所有地区的经济状况均将显著恶化，预计就业形势可能趋于严峻，而住宅房产的价值将下跌，进而导致贷款抵押率上升，因而预期抵押贷款组合的违约率将上升。

分析：

单项评估

在甲地区，甲银行按月使用自动化行为评分流程对每笔住房抵押贷款进行信用评估。该信用评分模型基于以下参数：

1. 当前和历史的逾期情况。

2. 客户的负债水平。

3. 贷款抵押率指标。甲银行通过重估房产价值的自动化程序定期更新贷款抵押率指标，重估房产价值所用的信息包括各地址区域（邮编区域）的近期房产销售信息以及其他各种能以合理成本获得的、合理且有依据的前瞻性信息。

4. 客户在甲银行其他金融工具上的还款表现。

5. 贷款金额。

6. 住房抵押贷款自发放起的已存续时间。

组合评估

在乙地区和丙地区，甲银行不具备上述自动化评分能力。因此，为了管理信用风险，甲银行通过逾期状态跟踪违约风险。甲银行对逾期状态为逾期30日以上的所有贷款，按整个存续期内的预期信用损失确认损失准备。尽管甲银行把逾期信息作为唯一的借款人特有信息，但为了评估是否应对逾期不超过30日的贷款确认整个存续期内的预期信用损失，甲银行仍会考虑其他能以合理成本获得的、合理且有依据的前瞻性信息。

1. 乙地区。

乙地区内有一个主要依赖原油生产的大型油田。甲银行注意到，因为国际油价和该油田产能原因，该油田销售额逐年显著下滑，越来越多的该油田生产作业单位前往其他油田甚至海外油田承揽业务。该油田已宣布将逐步关闭部分矿区，并积极实施减员增效等措施。考虑到预期就业形势的影响，尽管乙地区的相关住房抵押贷款客户在资产负债表日并未逾期,但甲银行认为,其客户中属于该油田员工或与油田经营状况关系密切的公司员工的,其抵押贷款的违约风险已经显著增加。因此,甲银行使用贷款申请流程中收集的部分信息,根据客户所在的行业对抵押贷款组合进行细分,以识别与该油田相关的客户。

对于上述贷款,甲银行按整个存续期内的信用损失确认损失准备,而对于乙地区的其他贷款则按12个月内的预期信用损失确认损失准备。上述处理不适用根据单项评估确定的信用风险显著增加的抵押贷款,例如逾期30日以上的贷款。对这些贷款,甲银行仍按照整个存续期内的预期信用损失确认损失准备。

对于上述与该油田相关的借款人新发放的贷款,由于其信用风险在自初始确认后并无显著增加,因此甲银行仅按12个月内的预期信用损失确认损失准备。但由于预期部分矿区将逐步关闭,就此类贷款中的一部分而言,其信用风险可能在初始确认后不久即显著增加。

2. 丙地区。

丙地区位于境外,预计在抵押贷款的整个存续期内利率将逐渐上升,因此甲银行预计信用风险将增加。甲银行发现,利率上升是导致丙地区抵押贷款未来发生违约的一项主要原因,尤其对于浮动利率贷款更是如此。历史数据显示,利率上升的幅度与浮动利率贷款组合中信用风险显著增加的贷款比例具有相关性。

当前,利率上升了200个基点。根据其掌握的历史资料,甲银行估计在这一涨幅下,20%的浮动利率抵押贷款组合的信用风险将会显著增加。因此,甲银行对这20%浮动利率贷款组合确认其整个存续期内的预期信用损失,而对其余贷款组合按12个月内的预期信用损失确认损失准备。

上述处理不适用根据单项评估确定的信用风险显著增加的抵押

贷款，例如逾期30日以上的贷款。对这些贷款，甲银行仍按照整个存续期内的预期信用损失确认损失准备。

【例31】 甲银行发放合同条款和条件相似的两种汽车贷款组合。甲银行为发放上述贷款，制定了基于内部信用评级系统的贷款审批政策。甲银行的内部信用评级系统综合考虑贷款客户的信用历史、对甲银行其他产品的偿付行为以及其他因素，并在贷款发放时给每笔贷款评定内部信用风险级别。该信用评级结果从1（最低级）到10（最高级），违约风险随着信用风险级别增加而呈指数级升高。例如，信用风险评级为1级和2级的贷款之间信用风险绝对值的差异，小于信用风险评级为2级和3级的贷款之间信用风险绝对值的差异。

两种贷款组合中的组合1贷款仅发放给具有相似内部信用风险级别的现有银行客户，而且在初始确认时，所有贷款均评级为信用风险评级的3级或4级。甲银行决定，贷款组合1在初始确认时能接受的最高内部信用风险评级为4级。贷款组合2仅发放给对汽车贷款广告有反应的客户，而且在初始确认时，这些客户的内部信用风险评级在4级到7级之间。甲银行从不发放内部信用风险评级高于7级的汽车贷款。

分析：

为了评估信用风险是否已显著增加，甲银行认定贷款组合1中的所有贷款均具有相似的初始信用风险。考虑到其内部信用风险评级的特点，甲银行认为该组合中的贷款从3级上升到4级并不代表信用风险显著增加，但任何上升到高于5级的贷款即为信用风险显著增加。这意味着在评估自初始确认后信用风险的变化时，甲银行无需了解该贷款组合中每笔贷款的初始信用风险评级。仅需确定其在资产负债表日是否高于5级，即可决定其信用风险是否显著增加。

对于贷款组合2，如果以是否超过内部信用风险评级的7级作为信用风险自初始确认后是否显著增加的标准，则是不恰当的。因为，尽管甲银行从不发放内部信用风险评级高于7级的汽车贷款，但是组合2中贷款的初始确认的信用风险不像组合1贷款那样足够相似，因此不能适用对组合1所用的方法。由于组合2中贷款的初始信用质量差别较大，甲银行不能简单地通过将在资产负债表日的信用风险与初始确认时的最差信用质量进行比较（例如将组合2中贷款的内部信用风险评级与内部风险评级的7级进行比较）以确定信用风险是否已显著增加。例如，如果某笔组合2贷款的初始信用风险评级为4级，当其内部信用风险评级变为6级时，该笔贷款的信用风险即为显著增加，无需等待其变为7级。

【例32】 2×10年，甲银行向乙公司发放了一笔1亿元的15年期贷款，当时乙公司的内部信用风险评级为4级。在甲银行的信用评级体系中，1代表信用风险级别最低，10代表信用风险级别最高，违约风险随着信用风险级别增加而呈指数级上升。2×15年，乙公司的内部信用风险评级变为6级，甲银行向其又发放了一笔5 000万元的10年期贷款。2×17年，乙公司未能继续签约某原有重要客户，导致其收入锐减。甲银行认为，由于丢失该客户，乙公司履行还贷义务的能力显著下降，因此将其内部信用风险评级调为8级。

在信用风险管理中，甲银行从交易对手角度对信用风险进行评估，认为乙公司的信用风险显著增加。尽管甲银行未对乙公司的每笔贷款的自初始确认后的信用风险变化进行单项评估，但是从交易对手方层面评估信用风险并对乙公司发放的所有贷款确认整个存续期预期信用损失，仍然符合本准则关于金融工具减值规定的目标。因为，即使从最后一笔贷款发放时（2×17年）乙公司达到最高信用风险状态算起，其信用风险也已显著增加。甲银行开展的从交易对手方层面进行评估的结果,与对每笔贷款的信用风险变化进行单项评估的结果保持了一致。

(三)预期信用损失的计量

根据本准则,预期信用损失是以违约概率为权重的、金融工具现金流缺口(即合同现金流量与预期收到的现金流量之间的差额)的现值的加权平均值。这一定义说明了预期信用损失的基本计算方法。

1. 不同金融工具预期信用损失的计量。

不同金融工具的预期信用损失有着不同的计算基础:

(1)对于金融资产,信用损失应为下列两者差额的现值:①企业依照合同应收取的合同现金流量,②企业预期能收到的现金流量。

(2)对于租赁应收款,信用损失的计算方法与金融资产相同,其用于确定预期信用损失的现金流量,应当与其按照《企业会计准则第21号——租赁》计量租赁应收款的现金流量口径保持一致。

(3)对于未提用的贷款承诺,信用损失应为下列两者差额的现值:①如果贷款承诺的持有人提用相应贷款,企业应收的合同现金流量;②如果持有人提用相应贷款,企业预期收取的现金流量。企业对贷款承诺预期信用损失的估计,应当基于对该贷款承诺提用情况的预期。企业在估计12个月的预期信用损失时,应当考虑预计将在资产负债表日后12个月内提用的贷款承诺部分;而在估计整个存续期预期信用损失时,应当考虑预计将在贷款承诺整个存续期内提用的贷款承诺部分。

(4)对于财务担保合同,只有当债务人按照所担保的金融工具合同条款发生违约事件时,企业才需要进行赔付。因此,财务担保合同的信用损失是企业就合同持有人发生的信用损失向其做出赔付的预期付款额,减去企业预期向该合同持有人、债务人或其他方收取的金额的差额的现值。

（5）对于购买或源生时未发生信用减值、但在后续资产负债表日已发生信用减值的金融资产，企业在计量其预期信用损失时，应当基于该金融资产的账面余额与按该金融资产原实际利率折现的预计未来现金流量的现值之间的差额。

在不违反本准则第五十八条规定（金融工具预期信用损失计量方法应反映的要素）的前提下，企业可在计量预期信用损失时运用简便方法。例如，对于应收账款的预期信用损失，企业可参照历史信用损失经验，编制应收账款逾期天数与固定准备率对照表（如，若未逾期为1%；若逾期不到30日为2%；若逾期天数为30~90（不含）日，为3%；若逾期天数为90~180（不含）日，为20%等），以此为基础计算预期信用损失。

如果企业的历史经验表明不同细分客户群体发生损失的情况存在显著差异，那么企业应当对客户群体进行恰当的分组，在分组基础上运用上述简便方法。企业可用于对资产进行分组的标准可能包括：地理区域、产品类型、客户评级、担保物以及客户类型（如批发和零售客户）。

2. 折现率。

企业应当采用相关金融工具初始确认时确定的实际利率或其近似值，将现金流缺口折现为资产负债表日的现值，而不是预计违约日或其他日期的现值。如果金融工具具有浮动利率，那么企业应当采用当前实际利率（即最近一次利率重设后的实际利率）对现金流缺口进行折现。

（1）对于购买或源生已发生信用减值的金融资产，企业应当采用在初始确认时确定的经信用调整的实际利率（即购买或源生时将减值后的预计未来现金流量折现为摊余成本的利率）。

（2）对于租赁应收款，企业应当采用按照《企业会计准则第21

号——租赁》计量租赁应收款所使用的相同折现率。

（3）对于贷款承诺，企业应当采用在确认源自该承诺的贷款时将应用的实际利率或其近似值。

（4）对于无法确定实际利率的财务担保合同或贷款承诺，企业应当采用反映货币时间价值和相关现金流量特有风险的折现率。

3. 预期信用损失的概率加权属性。

根据本准则对预期信用损失的定义以及第五十八条第（一）项和第六十条规定，企业对预期信用损失的估计，是概率加权的结果，应当始终反映发生信用损失的可能性以及不发生信用损失的可能性（即便最可能发生的结果是不存在任何信用损失），而不是仅对最坏或最好的情形做出估计。

实务中，这一要求可能并不需要企业开展复杂的分析。在某些情形下，运用相对简单的模型可能足以满足上述要求，而不需要使用大量具体的情景模拟。例如，一个较大的具有共同风险特征的金融工具组合（如小额贷款）的平均信用损失，可能是概率加权金额的合理估计值。而在其他情形下，企业可能需要识别关于现金流量金额、时间分布以及各种结果估计概率的具体数值。在这种情形下，预期信用损失应当至少反映发生信用损失和不发生信用损失两种可能性（即企业需要估计发生信用损失的概率和金额）。

4. 计量中采集和使用的信息。

根据本准则第五十八条第（三）项，企业对金融工具预期信用损失的计量方法应当反映能够以合理成本即可获取的、合理且有依据的、关于过去事项、当前状况以及未来经济状况预测的信息。换言之，企业应当采集上述信息，作为金融工具预期信用损失计量的依据。

企业所采集和使用的信息应当既包含与借款人特定因素相关的信息，又包含反映总体经济状况和趋势的信息。企业可同时使用内部和外部的各种数据来源,包括:关于信用损失的企业内部历史经验、企业内部评级、其他企业的信用损失经验、外部评级、外部报告和外部统计数据等。如果企业没有关于特定金融工具的数据来源或此类来源的数据不够充分,那么企业可以使用同行业内对类似金融工具(或一组类似金融工具)的经验数据。

历史信息是企业计量预期信用损失的重要基准。某些情形下,未经调整的历史信息可能是最佳的合理且有依据的信息。而其他情形下,企业可能需要使用当期数据对历史数据进行调整,以反映当前状况和未来预测的影响,并剔除与未来现金流量不相关的历史因素的影响。

企业对预期信用损失的估计,应当反映相关可观察数据的变化并与其保持方向一致(例如,就业率、房价、商品价格的变化可能导致一项或一组金融工具信用损失的变化)。如果存在关于特定金融工具或类似金融工具信用风险的可观察的市场信息(例如针对特定主体的信用风险违约掉期的市场价格),企业应当在预期信用损失计量中予以考虑。企业还应当定期复核用于估计预期信用损失的可观察数据,以减少估计值与实际信用损失之间的差异。

在考虑前瞻性信息时,并不要求企业对金融工具整个预计存续期内的情况做出预测。企业在估计预期信用损失时需要运用的判断程度的高低,取决于具体信息的可获取性。预测的时间跨度越大,具体信息的可获取性越低,则企业在估计预期信用损失时必须运用判断的程度就越高。本准则并不要求企业对很远的未来做出详细估计,企业只需根据现有资料对未来情况进行推断。

5. 估计预期信用损失的期间。

估计预期信用损失的期间,是指相关金融工具可能发生的现金流缺口所属的期间。根据本准则第六十一条,企业计量预期信用损失的最长期限应当为企业面临信用风险的最长合同期限(包括由于续约选择权可能延续的合同期限)。对于贷款承诺和财务担保合同，计量预期信用损失的最长期限应当为企业承担提供信贷或财务担保的现时义务的最长合同期限。

需要注意的是，估计信用损失的期间，与金融工具是否按整个存续期内预期信用损失金额计量损失准备是两个不同概念。本准则所说的12个月内预期信用损失，是指因资产负债表日后12个月内（若金融工具的预计存续期少于12个月则为更短的存续期间）可能发生的违约事件而导致的金融工具在整个存续期内现金流缺口的加权平均现值，而非发生在12个月内的现金流缺口的加权平均现值。例如，企业预计一项剩余存续期为3年的债务工具在未来12个月内将发生债务重组，重组将对该工具整个存续期内的合同现金流量进行调整，则所有合同现金流量的调整（无论归属在哪个期间）都属于计算12个月内预期信用损失的考虑范围。

某些金融工具可能同时包含贷款和未提用的贷款承诺，企业根据合同规定有通知借款人还款和取消未提用信用额度的能力，但这种能力未将企业所面临信用损失的期间限定在通知期之内，则企业对于此类金融工具确认预期信用损失的期间，应当为其面临信用风险且无法用信用风险管理措施予以缓释的期间，即使该期间超过了最长合同期限（通知期）。

例如，对于信用卡持卡人，银行可以最短提前1天通知撤销循环信用额度；但在实务中，银行只有当持卡人出现违约后才会撤销授信额度，而此时对于阻止全部或部分预期信用损失的发生而言可能已经太迟。因此银行不可能以1天的通知期作为估计预期信用损失的期间。

这类金融工具由于其性质、管理方式以及关于信用风险显著增加的信息的可获得性，通常同时具备下列特征：

（1）不具有固定的存续期或还款结构，且通常具有较短的合同取消期；

（2）出借方依照合同规定取消该合同的能力，无法在该金融工具的一般日常管理中实施，而只有当企业（出借方）已获悉在授信额度层面的信用风险增加后，才可能取消该合同；

（3）企业在组合基础上对该金融工具进行管理。

6. 担保物的影响。

在预期信用损失计量中，企业对现金流缺口的估计应当反映源自担保物或其他信用增级的预期现金流（即使该现金流的预期发生时间超过了合同期限），前提是该担保物或信用增级属于金融工具合同条款一部分且企业尚未将其在资产负债表中确认。

企业对被担保金融工具的预期现金流缺口估计，应当反映源自担保物的预期现金流的金额（减去取得和出售该担保物的成本）和时间，无论该抵债是否很可能发生（即对预期现金流量的估计应当反映该担保物抵债的概率，而无论概率的大小）。

对于所有因抵债而获得的担保物，企业均不应将其独立于被担保金融工具单独确认为一项资产，除非该担保物满足本准则或其他企业会计准则规定的资产确认标准。

7. 预期信用损失计量示例。

以下示例说明了企业计量预期信用损失的一些具体方法。为简便起见，这些示例可能只说明了预期信用损失计量中的某个或某几个方面。实务中，企业不能简单仿照这些示例进行判断或计算。

【例33】甲银行发放了一笔1 000 000元的十年期分期还本贷款。考虑到对具有相似信用风险的其他金融工具的预期、借款人的信用风险以及未来12个月的经济形势前景，甲银行估计初始确认时，该贷款在后续12个月内的违约概率为0.5%。此外，为确定自初始确认后信用风险是否已显著增加，甲银行还认定未来12个月的违约概率变动，合理近似于整个存续期的违约概率变动。

分析：

在初始确认后首个资产负债表日（在该贷款最终还款到期日之前），甲银行预计未来12个月的违约概率无变化，因此认为自初始确认后信用风险并无显著增加。甲银行预计，如果该贷款违约，将会损失账面余额的25%（即违约损失率为25%）。

甲银行按照未来12个月的违约概率0.5%计量未来12个月的预期信用损失，并据此相应确认损失准备。因此，在该资产负债表日，12个月内的预期信用损失为1 250元（1 000 000×0.5%×25%）。

【例34】甲银行向某本地百货公司的客户发放联名信用卡。该信用卡设有为期一天的通知期。甲银行有权按合同规定在通知期结束后取消该信用卡（包括已提用部分和未提用部分），但甲银行在该工具的日常管理中从未行使过这种取消信用卡的合同权利。只有当甲银行通过风险监控发现某单个客户信用风险增加时，才取消其信用额度。因此，甲银行认为，取消信用卡的合同权利无法将信用损失敞口限制在合同通知期内。

为管理信用风险，甲银行把客户合同现金流量视为一个整体进行评估。在资产负债表日，甲银行不对单个客户的已提用和未提用余额基于风险管理目的进行区分。甲银行以此为基础对该组合进行管理，并基于信用额度整体计量预期信用损失。

在资产负债表日，该信用卡组合的未偿还余额为6亿元，未提用额度为4亿元。甲银行在资产负债表日对预计信用额度面临信用风险的期间进行估计，进而以此为基础确定该组合的预计存续期。此估计工作中的具体考虑因素包括：

1. 类似信用卡组合面临信用风险的期间。

2. 类似金融工具出现相关违约所用的时间。

3. 由于类似金融工具信用风险增加而采取信用风险管理措施的以往事件，例如减少或取消未提用信用额度。

根据上段所列信息，甲银行估计该信用卡组合的预计存续期为30个月。

在资产负债表日，甲银行对自初始确认后该组合的信用风险变化进行评估，做出以下判断：

1. 该信用卡组合中有25%的客户的信用风险自初始确认后已显著增加。

2. 在未提用额度4亿元中，有1亿元未提用额度的信用风险自初始确认后已显著增加。

3. 在未偿还余额6亿元中，应确认整个预计存续期内的预期信用损失的未偿还余额为2亿元。

4. 在信用风险自初始确认后已显著增加的1亿元未提用额度中，根据甲银行基于历史数据的估计（包括考虑信用风险显著增加的客户对信用的需求更加迫切），客户预计后续30个月（该信用卡组合的预计存续期）内将从这1亿元额度中实际提用5 000万元。

5. 在信用风险自初始确认后未显著增加3亿元未提用额度中，根据甲银行基于历史数据估计（包括考虑信用风险未显著增加的客户对信用的需求不太迫切），客户预计后续12个月内将从这3亿元额度中实际提用5 000万元。

分析：

在按照本准则第六十二条规定对预期信用损失进行计量时，甲银行按照本节第一部分第三段的规定（在估计12个月的预期信用损失时，应当考虑预计将在资产负债表日后12个月内提用的贷款承诺部分；而在估计整个存续期预期信用损失时，应当考虑预计将在贷款承诺整个存续期内提用的贷款承诺部分），考虑了该组合预计存续期内（30个月）的额度预计提用情况，并估计了客户违约时该组合的预计未偿还余额。

根据其信用风险模型，甲银行认为：

1. 应当确认整个存续期内预期信用损失的信用卡额度违约风险敞口25 000万元（其中，应确认整个预计存续期内的预期信用损失的未偿还余额20 000万元，加上预计后续30个月内将从信用风险自初始确认后已显著增加的未提用额度10 000万元中实际提用5 000万元）。

2. 应确认12个月内预期信用损失的信用卡额度违约风险敞口为45 000万元（其中，应确认12个月内预期信用损失的未偿还余额60 000－20 000＝40 000万元，加上信用风险自初始确认后未显著增加未提用额度30 000万元中预计后续12个月内将提用的5 000万元）。

甲银行通过上述过程确定了违约风险敞口和预计存续期，并以此为基础计算该信用卡组合的整个存续期内预期信用损失和12个月内预期信用损失。

甲银行基于信用额度整体计量预期信用损失，因此无法单独识别未提用承诺部分的预期信用损失和贷款部分的预期信用损失。甲银行在其资产负债表中，将未提用承诺部分的预期信用损失与贷款部分的损失准备一并确认。如果合并列示的预期信用损失超出了金融资产的账面余额，对于超过部分，应列示为预计负债。如果甲银行基于未提用承诺和贷款分别计量预期信用损失，那么未提用承诺部分的预期信用损失应在资产负债表中列示为预计负债。

【例35】甲银行发放一笔5年期贷款，按合同面值到期一次偿还本金。合同面值为1 000万元，利率5%，按年付息。本例假定实际利率为5%。第一个会计期间（简称"第一期"）期末，由于自初始确认后信用风险无显著增加，甲银行按12个月内预期信用损失确认损失准备，损失准备余额为20万元。

在第二期期末，甲银行确定该贷款自初始确认后的信用风险已显著增加，因此对该笔贷款确认整个存续期内的预期信用损失，损失准备余额为 30 万元。

在第三期期末，由于借款人出现重大财务困难，甲银行修改了该笔贷款的合同条款和现金流量，将该笔贷款的合同期限延长了一年。因此在修改日（第三期期末），该笔贷款的剩余期限为三年。本次修改并未导致甲银行终止确认该贷款。

由于进行了上述修改，甲银行根据该贷款的初始实际利率 5%，重新计算修改后的合同现金流量的现值作为该金融资产的账面余额，并将重新计算的账面余额与修改前的账面余额之间的差额确认为合同变更利得或损失。在本例中假定，甲银行确认了修改损失 80 万元，账面余额降为 920 万元。

在考虑修改后的合同现金流量的基础上，甲银行评估了是否应继续对该贷款按整个存续期内预期信用损失计量损失准备，并重新计算了损失准备。甲银行将当前信用风险（基于修改后的现金流量）与初始确认时的信用风险（基于初始未修改的现金流量）进行比较，认为信用风险已显著增加，因此继续按整个存续期内的预期信用损失计量损失准备。在资产负债表日，该贷款按照整个存续期内的预期信用损失计量的损失准备余额为 100 万元。

甲银行对于上述合同现金流量修改的相关计算如表 6 所示：

表 6 单位：万元

期间	期初账面余额 (A)	减值损失/利得 (B)	修改损失/利得 (C)	利息收入 (D = A × 5%)	现金流量 (E)	期末账面余额 (F = A + C + D − E)	损失准备 (G)	期末摊余成本 (H = F − G)
1	1 000	(20)		50	50	1 000	20	980
2	1 000	(10)		50	50	1 000	30	970
3	1 000	(70)	(80)	50	50	920	100	820

注：括号内的金额代表损失。

在后续资产负债表日，甲银行按照本准则第五十六条规定，将该贷款初始确认时的信用风险（基于初始未修改的现金流量）与资产负债表日的信用风险（基于修改后的现金流量）进行比较，以评估信用风险是否显著增加。

修改贷款合同再过两个期间之后（第五期），与修改日的预期相比，借款人的实际业绩明显好于其经营计划。而且，借款人所属行业的前景好于此前预测。通过使用以合理成本即可获得的、合理且有依据的信息进行评估，甲银行发现该贷款的整体信用风险和在整个存续期内的违约风险率下降，因此甲银行在第五期期末调整了借款人的内部信用评级。

考虑到这一进展，甲银行对该贷款信用状况进行了重新评估，并确定该贷款的信用风险已经下降，与初始确认时的信用风险相比已无显著增加。因此，甲银行重新按12个月内预期信用损失计量该贷款的损失准备。

【例36】甲公司是一家制造业企业，其经营地域单一且固定。2×17年，甲公司应收账款合计为3亿元。考虑到客户群由众多小客户构成，甲公司根据代表偿付能力的客户共同风险特征对应收账款进行分类。上述应收账款不包含重大融资成分。甲公司对上述应收账款始终按整个存续期内的预期信用损失计量损失准备。

甲公司使用逾期天数与违约损失率对照表确定该应收账款组合的预期信用损失。对照表以此类应收账款预计存续期的历史违约损失率为基础，并根据前瞻性估计予以调整。在每个资产负债表日，甲公司都将分析前瞻性估计的变动，并据此对历史违约损失率进行调整。公司预测下一年的经济形势将恶化。

甲公司的逾期天数与违约损失率对照表估计如表7所示：

表7

	未逾期	逾期 1~30日	逾期 31~60日	逾期 61~90日	逾期>90日
违约损失率	0.3%	1.6%	3.6%	6.6%	10.6%

来自众多小客户的应收账款合计30 000 000元,根据逾期天数违约损失率计算其预期信用损失如表8所示:

表8　　　　　　　　　　　　　　　　　　　　　　　　　　单位:元

	账面余额 (A)	违约损失率 (B)	按整个存续期内预期信用损失确认的损失准备 (账面余额×整个存续期预期信用损失率) (C = A × B)
未逾期	15 000 000	0.3%	45 000
逾期1~30日	7 500 000	1.6%	120 000
逾期31~60日	4 000 000	3.6%	144 000
逾期61~90日	2 500 000	6.6%	165 000
逾期>90日	1 000 000	10.6%	106 000
合计	30 000 000	—	580 000

(四)金融资产减值与利息收入的计算

1. 未发生信用减值的资产。

对于处于信用减值第一和第二阶段的金融资产,以及按照本准则第六十三条规定适用实务简化处理的应收款项、合同资产和租赁应收款,企业应当按照该金融资产的账面余额(即不考虑减值影响)乘以实际利率的金额确定其利息收入。

2. 已发生信用减值的资产。

当对金融资产预期未来现金流量具有不利影响的一项或多项事

件发生时，该金融资产成为已发生信用减值的金融资产。金融资产已发生信用减值的证据包括下列可观察信息：

（1）发行方或债务人发生重大财务困难；

（2）债务人违反合同，如偿付利息或本金违约或逾期等；

（3）债权人出于与债务人财务困难有关的经济或合同考虑，给予债务人在任何其他情况下都不会做出的让步；

（4）债务人很可能破产或进行其他财务重组；

（5）发行方或债务人财务困难导致该金融资产的活跃市场消失；

（6）以大幅折扣购买或源生一项金融资产，该折扣反映了发生信用损失的事实。

金融资产发生信用减值，有可能是多个事件的共同作用所致，未必是可单独识别的事件所致。

已发生信用减值的金融资产分两种情形：

（1）对于购买或源生时未发生信用减值、但在后续期间发生信用减值的金融资产，企业应当在发生减值的后续期间，按照该金融资产的摊余成本（即账面余额减已计提减值）乘以实际利率（初始确认时确定的实际利率，不因减值的发生而变化）的金额确定其利息收入。

（2）对于购买或源生时已发生信用减值的金融资产，企业应当自初始确认起，按照该金融资产的摊余成本乘以经信用调整的实际利率（即购买或源生时将减值后的预计未来现金流量折现为摊余成本的利率）的金额确定其利息收入。

（五）金融工具减值处理流程图

以上所述金融工具减值的判断和处理流程总结如图 2 所示：

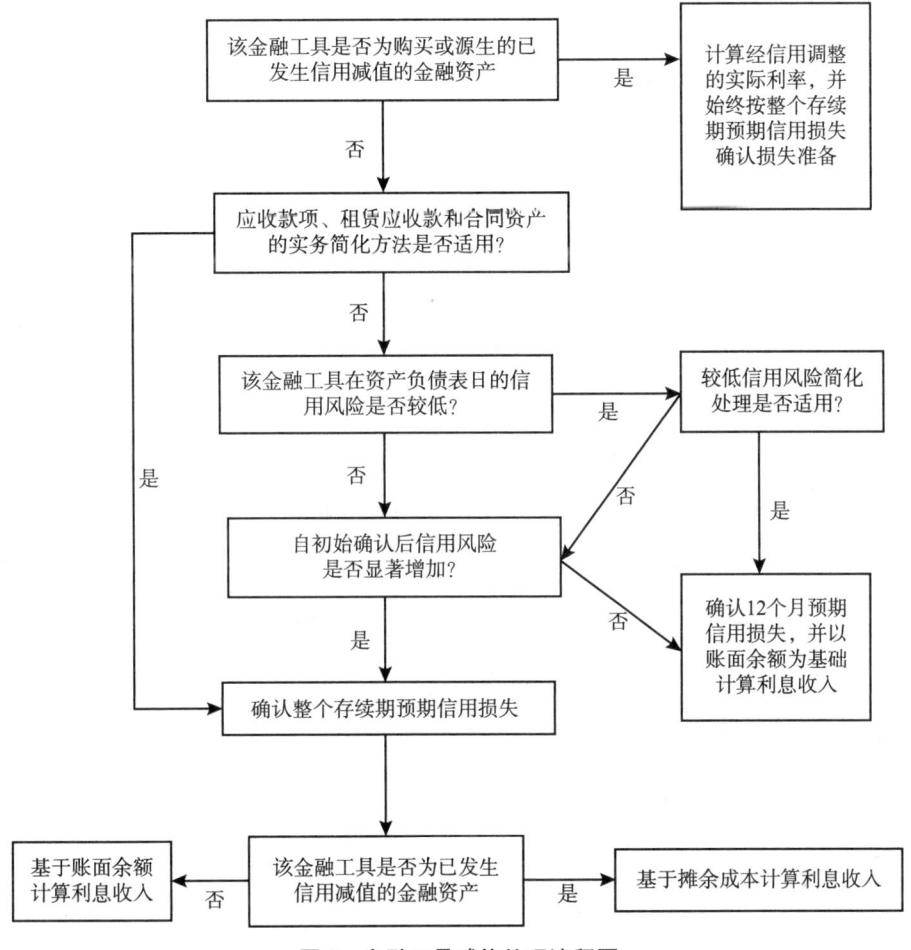

图2 金融工具减值处理流程图

（六）金融工具减值的账务处理

1. 减值准备的计提和转回。

企业应当在资产负债表日计算金融工具（或金融工具组合）预期信用损失。如果该预期信用损失大于该工具（或组合）当前减值准备的账面金额，企业应当将其差额确认为减值损失，借记"信用减值损失"科目，根据金融工具的种类，贷记"贷款损失准备""债权投资减值准备""坏账准备""合同资产减值准备""租赁应收款减值准备""预计负债"（用于贷款承诺及财务担保合同）或"其他综合收益"（用于以公允价值计量且其变动计入其他综合收益的债权类资产，企业可以设置二级科目"其他综合收益——信用减值准备"核算此类工具的减值准备）等科目（上述贷记科目，以下统称"贷款损失准备"等科目）；如果资产负债表日计算的预期信用损失小于该工具（或组合）当前减值准备的账面金额（例如，从按照整个存续期预期信用损失计量损失准备转为按照未来12个月预期信用损失计量损失准备时，可能出现这一情况），则应当将差额确认为减值利得，做相反的会计分录。

2. 已发生信用损失金融资产的核销。

企业实际发生信用损失，认定相关金融资产无法收回，经批准予以核销的，应当根据批准的核销金额，借记"贷款损失准备"等科目，贷记相应的资产科目，如"贷款""应收账款""合同资产"等。若核销金额大于已计提的损失准备，还应按其差额借记"信用减值损失"科目。

3. 账务处理示例。

【例37】甲公司于2×17年12月15日购入一项公允价值为1 000万元的债务工具，分类为以公允价值计量且其变动计入其他综合收益的金融资产。该工具合同期限为10年，年利率为5%，本例假定实际利率也为5%。初始确认时，甲公司已经确定其不属于购入或源生的已发生信用减值的金融资产。

2×17年12月31日，由于市场利率变动，该债务工具的公允价值跌至950万元。甲公司认为，该工具的信用风险自初始确认后并无显著增加，应按12个月内预期信用损失计量损失准备，损失准备金额为30万元。为简化起见，本例不考虑利息。

2×18年1月1日，甲公司决定以当日的公允价值950万元，出售该债务工具。

甲公司相关账务处理如下：

1. 购入该工具时：

借：其他债权投资——成本　　　　　　　　　10 000 000
　　贷：银行存款　　　　　　　　　　　　　　　　10 000 000

2. 2×17年12月31日：

借：信用减值损失　　　　　　　　　　　　　　　300 000
　　其他综合收益——其他债权投资公允价值变动
　　　　　　　　　　　　　　　　　　　　　　　500 000
　　贷：其他债权投资——公允价值变动　　　　　　500 000
　　　　其他综合收益——信用减值准备　　　　　　300 000

甲公司在其2×17年年度财务报表中披露了该工具的累计减值30万元。

3. 2×18年1月1日：

借：银行存款　　　　　　　　　　　　　　　　9 500 000
　　投资收益　　　　　　　　　　　　　　　　　200 000
　　其他综合收益——信用减值准备　　　　　　　300 000
　　其他债权投资——公允价值变动　　　　　　　500 000
　　贷：其他综合收益——其他债权投资公允价值变动
　　　　　　　　　　　　　　　　　　　　　　　500 000
　　　　其他债权投资——成本　　　　　　　　10 000 000

【例38】甲银行对其发放的贷款以摊余成本计量。2×17年12月31日，甲银行向乙公司发放一笔5年期信用贷款。贷款本金5 000万元，年利率4%，每年12月31日付息，2×22年12月31日还本。假设不考虑交易费用，该贷款的实际利率为4%。

2×18年12月31日，乙公司按约支付利息。甲银行评估认为该贷款信用风险自初始确认以来未显著增加，并计算其未来12个月预期信用损失为80万元。

2×19年12月31日，乙公司按约支付利息。甲银行评估认为该贷款信用风险自初始确认以来已经显著增加,并计算剩余存续期预期信用损失为300万元。

2×20年6月30日,甲银行了解到乙公司面临重大财务困难,认定该贷款已发生减值。同日,甲银行计算剩余存续期预期信用损失为800万元。

2×20年12月31日,乙公司未按约支付利息。甲银行计算剩余存续期预期信用损失为1 200万元。

2×21年6月30日,甲银行计算剩余存续期预期信用损失为1 600万元,并以3 500万元价格将该贷款所有风险和报酬转让给丙资产管理公司。

根据所掌握情况,丙资产管理公司将该贷款认定为已发生信用减值的金融资产,并预计该贷款的未来现金流量如表9所示:

表9　　　　　　　　　　　　　　　　　　　　　　　　　单位:元

日期	金额
2×22年12月31日	20 000 000
2×23年6月30日	18 500 000

根据以上数据,丙资产管理公司计算该贷款经信用调整的实际利率为5.6352%。丙资产管理公司以摊余成本计量该贷款,其账面价值摊余过程如表10所示:

表10　　　　　　　　　　　　　　　　　　　　　　　　　单位:元

日期	计提利息期限（年）	应计利息	还款	摊余成本
2×21年6月30日	—	—	—	35 000 000
2×21年12月31日	0.5	972 649	—	35 972 649
2×22年12月31日	1	2 027 138	−20 000 000	17 999 787
2×23年6月30日	0.5	500 213	−18 500 000	—

2×21年12月31日，丙资产管理公司对该贷款回收金额和回收时间的预期未发生改变（即预期信用损失变动为零）。

2×22年12月31日，丙资产管理公司实际收到乙公司还款2 000万元，对该贷款后续回收金额和回收时间的预期未发生改变。

2×23年6月30日，丙资产管理公司实际收到乙公司还款1 900万元，贷款合同终止。

根据上述资料，相关账务处理如下（不考虑税费影响）：

1. 甲银行

（1）2×17年12月31日，发放贷款：

借：贷款　　　　　　　　　　　　　　　　50 000 000
　　贷：吸收存款　　　　　　　　　　　　　　　50 000 000

（2）2×18年12月31日，确认利息收入和收到的利息：

利息收入 = 账面余额 × 实际利率 = 5 000 × 4% = 200（万元）

借：应收利息　　　　　　　　　　　　　　2 000 000
　　贷：利息收入　　　　　　　　　　　　　　　2 000 000

借：吸收存款　　　　　　　　　　　　　　2 000 000
　　贷：应收利息　　　　　　　　　　　　　　　2 000 000

计提减值准备：

借：信用减值损失　　　　　　　　　　　　　800 000
　　贷：贷款损失准备　　　　　　　　　　　　　　800 000

（3）2×19年12月31日，确认利息收入和收到的利息：

借：应收利息　　　　　　　　　　　　　　2 000 000
　　贷：利息收入　　　　　　　　　　　　　　　2 000 000

借：吸收存款　　　　　　　　　　　　　　2 000 000
　　贷：应收利息　　　　　　　　　　　　　　　2 000 000

补提减值准备：

借：信用减值损失　　　　　　　　　　　　2 200 000

贷:贷款损失准备 2 200 000

(4) 2×20年6月30日,确认实际减值前利息收入:

利息收入=账面余额×实际利率=50 000 000×[(1+4%)$^{0.5}$-1]=990 195(元)

借:应收利息 990 195
  贷:利息收入 990 195

补提减值准备:

借:信用减值损失 5 000 000
  贷:贷款损失准备 5 000 000

(5) 2×20年12月31日,确认实际减值后利息收入:

利息收入=摊余成本×实际利率=(50 000 000+990 195-8 000 000)×[(1+4%)$^{0.5}$-1]=851 374(元)

借:应收利息 851 374
  贷:利息收入 851 374

补提减值准备:

借:信用减值损失 4 000 000
  贷:贷款损失准备 4 000 000

(6) 2×21年6月30日,确认利息收入:

利息收入=摊余成本×实际利率=(50 000 000+990 195+851 374-12 000 000)×[(1+4%)$^{0.5}$-1]=789 019(元)

借:应收利息 789 019
  贷:利息收入 789 019

补提减值准备:

借:信用减值损失 4 000 000
  贷:贷款损失准备 4 000 000

终止确认贷款:

借:存放中央银行款项 35 000 000

贷款损失准备	16 000 000
贷款处置损益	1 630 588
贷：贷款	50 000 000
应收利息	2 630 588

2. 丙资产管理公司。

（1）2×21年6月30日，确认购入贷款：

| 借：债权投资——本金 | 35 000 000 |
| 贷：银行存款 | 35 000 000 |

（2）2×21年12月31日，确认利息收入：

| 借：债权投资——应计利息 | 972 649 |
| 贷：利息收入 | 972 649 |

（3）2×22年12月31日，确认利息收入：

| 借：债权投资——应计利息 | 2 027 138 |
| 贷：利息收入 | 2 027 138 |

确认收到的还款：

借：银行存款	20 000 000
贷：债权投资——本金	17 000 213
——应计利息	2 999 787

（4）2×23年6月30日，确认利息收入：

| 借：债权投资——应计利息 | 500 213 |
| 贷：利息收入 | 500 213 |

确认收到的还款，终止确认贷款：

借：银行存款	19 000 000
贷：债权投资——本金	17 999 787
——应计利息	500 213
信用减值损失（利得）	500 000

十二、关于衔接规定

本准则施行日之前的金融工具确认和计量与本准则要求不一致的，企业应当追溯调整，本准则另有规定的除外。在本准则施行日已经终止确认的项目不适用本准则。

（一）关于金融资产的分类

1. 关于业务模式评估。

在本准则施行日，企业应当以该日的既有事实和情况为基础，根据本准则相关规定评估其管理金融资产的业务模式是以收取合同现金流量为目标，还是以既收取合同现金流量又出售金融资产为目标，或者其他目标，并据此确定金融资产的分类，进行追溯调整，无须考虑企业之前的业务模式。

2. 关于合同现金流量评估。

在本准则施行日，企业应当基于金融资产初始确认时而非本准则施行日存在的事实和情况为基础，对金融资产的合同现金流量进行评估。以下情形除外：

（1）在本准则施行日，企业在考虑具有修正的货币时间价值要素的金融资产的合同现金流量特征时，需要对特定货币时间价值要素修正进行评估的，该评估应当以该金融资产初始确认时存在的事实和情况为基础。该评估不切实可行的，企业不应考虑本准则关于货币时间价值要素修正的规定。

（2）在本准则施行日，企业在考虑具有提前还款特征的金融资产的合同现金流量特征时，需要对该提前还款特征的公允价值是否非常小进行评估的，该评估应当以该金融资产初始确认时存在的事实和情况为基础。该评估不切实可行的，企业不应认为提前还款特征的公允价值非常小。

（二）相关指定或撤销指定

1. 金融资产的指定或撤销指定。

在本准则施行日，企业应当以该日的既有事实和情况为基础，根据本准则的相关规定，对相关金融资产进行指定或撤销指定，并追溯调整：

（1）在本准则施行日，企业可以根据本准则的规定，将满足条件的金融资产指定为以公允价值计量且其变动计入当期损益的金融资产。但企业之前指定为以公允价值计量且其变动计入当期损益的金融资产，不满足本准则规定的指定条件的，应当解除之前做出的指定；之前指定为以公允价值计量且其变动计入当期损益的金融资产继续满足本准则规定的指定条件的，企业可以选择继续指定或撤销之前的指定。

（2）在本准则施行日，企业可以根据本准则规定，将非交易性权益工具投资指定为以公允价值计量且其变动计入其他综合收益的金融资产。

2. 金融负债的指定或撤销指定。

在本准则施行日，企业应当以该日的既有事实和情况为基础，根据本准则的相关规定，对相关金融负债进行指定或撤销指定，并追溯调整：

（1）在本准则施行日，为了消除或显著减少会计错配，企业可以根据本准则的规定，将金融负债指定为以公允价值计量且其变动计入当期损益的金融负债。

（2）企业之前初始确认金融负债时，为了消除或显著减少会计错配，已将该金融负债指定为以公允价值计量且其变动计入当期损益的金融负债，但在本准则施行日不再满足本准则规定的指定条件的，企业应当撤销之前的指定;该金融负债在本准则施行日仍然满足本准则规定的指定条件的,企业可以选择继续指定或撤销之前的指定。

同时,在本准则施行日,企业存在根据本准则规定将金融负债指定为以公允价值计量且其变动计入当期损益的金融负债,并且按照本准则规定将由企业自身信用风险变动引起的该金融负债公允价值的变动金额计入其他综合收益的,企业应当以该日的既有事实和情况为基础,判断按照上述规定处理是否会造成或扩大损益的会计错配,进而确定是否应当将该金融负债的全部利得或损失(包括企业自身信用风险变动的影响金额)计入当期损益,并按照上述结果追溯调整。

(三)关于金融工具的减值

在本准则施行日,企业按照本准则计量金融工具减值的,应当使用无须付出不必要的额外成本或努力即可获得的合理且有依据的信息,确定金融工具在初始确认日的信用风险,并将该信用风险与本准则施行日的信用风险进行比较。

在确定自初始确认后信用风险是否显著增加时,企业可以应用本准则相关规定根据其是否具有较低的信用风险进行判断,或者应用本准则规定根据相关金融资产逾期是否超过 30 日进行判断。企业在本准则施行日必须付出不必要的额外成本或努力才可获得合理且有依据的信息的,企业在该金融工具终止确认前的所有资产负债表日的损失准备应当等于其整个存续期的预期信用损失。

(四)衔接调整与计量

1. 混合合同。

在本准则施行日,企业存在根据本准则相关规定应当以公允价值计量的混合合同但之前未以公允价值计量的,该混合合同在前期比较财务报表期末的公允价值应当等于其各组成部分在前期比较财务报表期末公允价值之和。在本准则施行日，企业应当将整个混合合同在该日的公允价值与该混合合同各组成部分在该日的公允价值之和之间的差额，计入本准则施行日所在报告期间的期初留存收益或其他综合收益。

2. 以摊余成本计量的金融资产或金融负债。

在本准则施行日，企业按照本准则规定对相关金融资产或金融负债以摊余成本进行计量、应用实际利率法追溯调整不切实可行的，应当按照以下原则进行处理：

（1）以金融资产或金融负债在前期比较财务报表期末的公允价值，作为企业调整前期比较财务报表数据时该金融资产的账面余额或该金融负债的摊余成本；

（2）以金融资产或金融负债在本准则施行日的公允价值，作为该金融资产在本准则施行日的新账面余额或该金融负债的新摊余成本。

3. 无公开报价的权益工具投资。

在本准则施行日，对于之前以成本计量的、在活跃市场中没有报价且其公允价值不能可靠计量的权益工具投资或与该权益工具挂钩并须通过交付该工具进行结算的衍生金融资产，企业应当以其在本准则施行日的公允价值计量。原账面价值与公允价值之间的差额，应当计入本准则施行日所在报告期间的期初留存收益或其他综合收益。

在本准则施行日，对于之前以成本计量的、与在活跃市场中没有报价的权益工具挂钩并须通过交付该权益工具进行结算的衍生金融负债，企业应当以其在本准则施行日的公允价值计量。原账面价值与公允价值之间的差额，应当计入本准则施行日所在报告期间的期初留存收益。

附录一

企业会计准则第 22 号——金融工具确认和计量*

(2017 年 3 月 31 日　财会〔2017〕7 号)

第一章　总　　则

第一条　为了规范金融工具的确认和计量，根据《企业会计准则——基本准则》，制定本准则。

第二条　金融工具，是指形成一方的金融资产并形成其他方的金融负债或权益工具的合同。

第三条　金融资产，是指企业持有的现金、其他方的权益工具以及符合下列条件之一的资产：

（一）从其他方收取现金或其他金融资产的合同权利。

（二）在潜在有利条件下，与其他方交换金融资产或金融负债的

---

* 在境内外同时上市的企业以及在境外上市并采用国际财务报告准则或企业会计准则编制财务报告的企业，自 2018 年 1 月 1 日起施行；其他境内上市企业自 2019 年 1 月 1 日起施行；执行企业会计准则的非上市企业自 2021 年 1 月 1 日起施行。同时，鼓励企业提前执行。执行本准则的企业，不再执行财政部于 2006 年 2 月 15 日印发的《财政部关于印发〈企业会计准则第 1 号——存货〉等 38 项具体准则的通知》(财会〔2006〕3 号) 中的《企业会计准则第 22 号——金融工具确认和计量》。

执行本准则的企业，应当同时执行财政部 2017 年修订印发的《企业会计准则第 23 号——金融资产转移》(财会〔2017〕8 号) 和《企业会计准则第 24 号——套期会计》(财会〔2017〕9 号)。

合同权利。

（三）将来须用或可用企业自身权益工具进行结算的非衍生工具合同，且企业根据该合同将收到可变数量的自身权益工具。

（四）将来须用或可用企业自身权益工具进行结算的衍生工具合同，但以固定数量的自身权益工具交换固定金额的现金或其他金融资产的衍生工具合同除外。其中，企业自身权益工具不包括应当按照《企业会计准则第37号——金融工具列报》分类为权益工具的可回售工具或发行方仅在清算时才有义务向另一方按比例交付其净资产的金融工具，也不包括本身就要求在未来收取或交付企业自身权益工具的合同。

第四条 金融负债，是指企业符合下列条件之一的负债：

（一）向其他方交付现金或其他金融资产的合同义务。

（二）在潜在不利条件下，与其他方交换金融资产或金融负债的合同义务。

（三）将来须用或可用企业自身权益工具进行结算的非衍生工具合同，且企业根据该合同将交付可变数量的自身权益工具。

（四）将来须用或可用企业自身权益工具进行结算的衍生工具合同，但以固定数量的自身权益工具交换固定金额的现金或其他金融资产的衍生工具合同除外。企业对全部现有同类别非衍生自身权益工具的持有方同比例发行配股权、期权或认股权证，使之有权按比例以固定金额的任何货币换取固定数量的该企业自身权益工具的，该类配股权、期权或认股权证应当分类为权益工具。其中，企业自身权益工具不包括应当按照《企业会计准则第37号——金融工具列报》分类为权益工具的可回售工具或发行方仅在清算时才有义务向另一方按比例交付其净资产的金融工具，也不包括本身就要求在未来收取或交付企业自身权益工具的合同。

第五条 衍生工具，是指属于本准则范围并同时具备下列特征的金融工具或其他合同：

（一）其价值随特定利率、金融工具价格、商品价格、汇率、价格指数、费率指数、信用等级、信用指数或其他变量的变动而变动，变量为非金融变量的，该变量不应与合同的任何一方存在特定关系。

（二）不要求初始净投资，或者与对市场因素变化预期有类似反应的其他合同相比，要求较少的初始净投资。

（三）在未来某一日期结算。

常见的衍生工具包括远期合同、期货合同、互换合同和期权合同等。

第六条 除下列各项外，本准则适用于所有企业各种类型的金融工具：

（一）由《企业会计准则第 2 号——长期股权投资》规范的对子公司、合营企业和联营企业的投资，适用《企业会计准则第 2 号——长期股权投资》，但是企业根据《企业会计准则第 2 号——长期股权投资》对上述投资按照本准则相关规定进行会计处理的，适用本准则。企业持有的与在子公司、合营企业或联营企业中的权益相联系的衍生工具，适用本准则；该衍生工具符合《企业会计准则第 37 号——金融工具列报》规定的权益工具定义的，适用《企业会计准则第 37 号——金融工具列报》。

（二）由《企业会计准则第 9 号——职工薪酬》规范的职工薪酬计划形成的企业的权利和义务，适用《企业会计准则第 9 号——职工薪酬》。

（三）由《企业会计准则第 11 号——股份支付》规范的股份支付，适用《企业会计准则第 11 号——股份支付》。但是，股份支付中属于本准则第八条范围的买入或卖出非金融项目的合同，适用本准则。

（四）由《企业会计准则第 12 号——债务重组》规范的债务重

组，适用《企业会计准则第 12 号——债务重组》。

（五）因清偿按照《企业会计准则第 13 号——或有事项》所确认的预计负债而获得补偿的权利，适用《企业会计准则第 13 号——或有事项》。

（六）由《企业会计准则第 14 号——收入》规范的属于金融工具的合同权利和义务，适用《企业会计准则第 14 号——收入》，但该准则要求在确认和计量相关合同权利的减值损失和利得时应当按照本准则规定进行会计处理的，适用本准则有关减值的规定。

（七）购买方（或合并方）与出售方之间签订的，将在未来购买日（或合并日）形成《企业会计准则第 20 号——企业合并》规范的企业合并且其期限不超过企业合并获得批准并完成交易所必须的合理期限的远期合同，不适用本准则。

（八）由《企业会计准则第 21 号——租赁》规范的租赁的权利和义务，适用《企业会计准则第 21 号——租赁》。但是，租赁应收款的减值、终止确认，租赁应付款的终止确认，以及租赁中嵌入的衍生工具，适用本准则。

（九）金融资产转移，适用《企业会计准则第 23 号——金融资产转移》。

（十）套期会计，适用《企业会计准则第 24 号——套期会计》。

（十一）由保险合同相关会计准则规范的保险合同所产生的权利和义务，适用保险合同相关会计准则。因具有相机分红特征而由保险合同相关会计准则规范的合同所产生的权利和义务，适用保险合同相关会计准则。但对于嵌入保险合同的衍生工具，该嵌入衍生工具本身不是保险合同的，适用本准则。

对于财务担保合同，发行方之前明确表明将此类合同视作保险合同，并且已按照保险合同相关会计准则进行会计处理的，可以选择适用本准则或保险合同相关会计准则。该选择可以基于单项合同，但选择一经作出，不得撤销。否则，相关财务担保合同适用本准则。

财务担保合同，是指当特定债务人到期不能按照最初或修改后的债务工具条款偿付债务时，要求发行方向蒙受损失的合同持有人赔付特定金额的合同。

（十二）企业发行的按照《企业会计准则第 37 号——金融工具列报》规定应当分类为权益工具的金融工具，适用《企业会计准则第 37 号——金融工具列报》。

第七条 本准则适用于下列贷款承诺：

（一）企业指定为以公允价值计量且其变动计入当期损益的金融负债的贷款承诺。如果按照以往惯例，企业在贷款承诺产生后不久即出售其所产生资产，则同一类别的所有贷款承诺均应当适用本准则。

（二）能够以现金或者通过交付或发行其他金融工具净额结算的贷款承诺。此类贷款承诺属于衍生工具。企业不得仅仅因为相关贷款将分期拨付（如按工程进度分期拨付的按揭建造贷款）而将该贷款承诺视为以净额结算。

（三）以低于市场利率贷款的贷款承诺。

所有贷款承诺均适用本准则关于终止确认的规定。企业作为贷款承诺发行方的，还适用本准则关于减值的规定。

贷款承诺，是指按照预先规定的条款和条件提供信用的确定性承诺。

第八条 对于能够以现金或其他金融工具净额结算，或者通过交换金融工具结算的买入或卖出非金融项目的合同，除了企业按照预定的购买、销售或使用要求签订并持有旨在收取或交付非金融项目的合同适用其他相关会计准则外，企业应当将该合同视同金融工具，适用本准则。

对于能够以现金或其他金融工具净额结算，或者通过交换金融工具结算的买入或卖出非金融项目的合同，即使企业按照预定的购买、销售或使用要求签订并持有旨在收取或交付非金融项目的合同的，企业也可以将该合同指定为以公允价值计量且其变动计入当期损益的金融资产或金融负债。企业只能在合同开始时作出该指定，并且必须能够通过该指定消除或显著减少会计错配。该指定一经作出，不得撤销。

会计错配，是指当企业以不同的会计确认方法和计量属性，对在经济上相关的资产和负债进行确认或计量而产生利得或损失时，可能导致的会计确认和计量上的不一致。

第二章　金融工具的确认和终止确认

第九条　企业成为金融工具合同的一方时，应当确认一项金融资产或金融负债。

第十条　对于以常规方式购买或出售金融资产的，企业应当在交易日确认将收到的资产和为此将承担的负债，或者在交易日终止确认已出售的资产，同时确认处置利得或损失以及应向买方收取的应收款项。

以常规方式购买或出售金融资产，是指企业按照合同规定购买或出售金融资产，并且该合同条款规定，企业应当根据通常由法规或市场惯例所确定的时间安排来交付金融资产。

第十一条　金融资产满足下列条件之一的，应当终止确认：

（一）收取该金融资产现金流量的合同权利终止。

（二）该金融资产已转移，且该转移满足《企业会计准则第23号——金融资产转移》关于金融资产终止确认的规定。

本准则所称金融资产或金融负债终止确认，是指企业将之前确认的金融资产或金融负债从其资产负债表中予以转出。

第十二条 金融负债（或其一部分）的现时义务已经解除的，企业应当终止确认该金融负债（或该部分金融负债）。

第十三条 企业（借入方）与借出方之间签订协议，以承担新金融负债方式替换原金融负债，且新金融负债与原金融负债的合同条款实质上不同的，企业应当终止确认原金融负债，同时确认一项新金融负债。

企业对原金融负债（或其一部分）的合同条款作出实质性修改的，应当终止确认原金融负债，同时按照修改后的条款确认一项新金融负债。

第十四条 金融负债（或其一部分）终止确认的，企业应当将其账面价值与支付的对价（包括转出的非现金资产或承担的负债）之间的差额，计入当期损益。

第十五条 企业回购金融负债一部分的，应当按照继续确认部分和终止确认部分在回购日各自的公允价值占整体公允价值的比例，对该金融负债整体的账面价值进行分配。分配给终止确认部分的账面价值与支付的对价（包括转出的非现金资产或承担的负债）之间的差额，应当计入当期损益。

第三章 金融资产的分类

第十六条 企业应当根据其管理金融资产的业务模式和金融资产的合同现金流量特征，将金融资产划分为以下三类：

（一）以摊余成本计量的金融资产。

（二）以公允价值计量且其变动计入其他综合收益的金融资产。

（三）以公允价值计量且其变动计入当期损益的金融资产。

企业管理金融资产的业务模式，是指企业如何管理其金融资产以产生现金流量。业务模式决定企业所管理金融资产现金流量的来源是收取合同现金流量、出售金融资产还是两者兼有。企业管理金融资产的业务模式，应当以企业关键管理人员决定的对金融资产进行管理的特定业务目标为基础确定。企业确定管理金融资产的业务模式，应当以客观事实为依据，不得以按照合理预期不会发生的情形为基础确定。

金融资产的合同现金流量特征，是指金融工具合同约定的、反映相关金融资产经济特征的现金流量属性。企业分类为本准则第十七条和第十八条规范的金融资产，其合同现金流量特征，应当与基本借贷安排相一致。即相关金融资产在特定日期产生的合同现金流量仅为对本金和以未偿付本金金额为基础的利息的支付，其中，本金是指金融资产在初始确认时的公允价值，本金金额可能因提前还款等原因在金融资产的存续期内发生变动；利息包括对货币时间价值、与特定时期未偿付本金金额相关的信用风险、以及其他基本借贷风险、成本和利润的对价。其中，货币时间价值是利息要素中仅因为时间流逝而提供对价的部分，不包括为所持有金融资产的其他风险或成本提供的对价，但货币时间价值要素有时可能存在修正。在货币时间价值要素存在修正的情况下，企业应当对相关修正进行评估，以确定其是否满足上述合同现金流量特征的要求。此外，金融资产包含可能导致其合同现金流量的时间分布或金额发生变更的合同条款（如包含提前还款特征）的，企业应当对相关条款进行评估（如评估提前还款特征的公允价值是否非常小），以确定其是否满足上述合同现金流量特征的要求。

第十七条 金融资产同时符合下列条件的，应当分类为以摊余成本计量的金融资产：

（一）企业管理该金融资产的业务模式是以收取合同现金流量为目标。

（二）该金融资产的合同条款规定，在特定日期产生的现金流量,仅为对本金和以未偿付本金金额为基础的利息的支付。

第十八条 金融资产同时符合下列条件的,应当分类为以公允价值计量且其变动计入其他综合收益的金融资产:

(一)企业管理该金融资产的业务模式既以收取合同现金流量为目标又以出售该金融资产为目标。

(二)该金融资产的合同条款规定,在特定日期产生的现金流量,仅为对本金和以未偿付本金金额为基础的利息的支付。

第十九条 按照本准则第十七条分类为以摊余成本计量的金融资产和按照本准则第十八条分类为以公允价值计量且其变动计入其他综合收益的金融资产之外的金融资产,企业应当将其分类为以公允价值计量且其变动计入当期损益的金融资产。

在初始确认时,企业可以将非交易性权益工具投资指定为以公允价值计量且其变动计入其他综合收益的金融资产,并按照本准则第六十五条规定确认股利收入。该指定一经作出,不得撤销。企业在非同一控制下的企业合并中确认的或有对价构成金融资产的,该金融资产应当分类为以公允价值计量且其变动计入当期损益的金融资产,不得指定为以公允价值计量且其变动计入其他综合收益的金融资产。

金融资产或金融负债满足下列条件之一的,表明企业持有该金融资产或承担该金融负债的目的是交易性的:

(一)取得相关金融资产或承担相关金融负债的目的,主要是为了近期出售或回购。

(二)相关金融资产或金融负债在初始确认时属于集中管理的可辨认金融工具组合的一部分,且有客观证据表明近期实际存在短期获利模式。

(三)相关金融资产或金融负债属于衍生工具。但符合财务担保合同定义的衍生工具以及被指定为有效套期工具的衍生工具除外。

第二十条 在初始确认时，如果能够消除或显著减少会计错配，企业可以将金融资产指定为以公允价值计量且其变动计入当期损益的金融资产。该指定一经作出，不得撤销。

第四章 金融负债的分类

第二十一条 除下列各项外，企业应当将金融负债分类为以摊余成本计量的金融负债：

（一）以公允价值计量且其变动计入当期损益的金融负债，包括交易性金融负债（含属于金融负债的衍生工具）和指定为以公允价值计量且其变动计入当期损益的金融负债。

（二）金融资产转移不符合终止确认条件或继续涉入被转移金融资产所形成的金融负债。对此类金融负债，企业应当按照《企业会计准则第23号——金融资产转移》相关规定进行计量。

（三）不属于本条（一）或（二）情形的财务担保合同，以及不属于本条（一）情形的以低于市场利率贷款的贷款承诺。企业作为此类金融负债发行方的，应当在初始确认后按照依据本准则第八章所确定的损失准备金额以及初始确认金额扣除依据《企业会计准则第14号——收入》相关规定所确定的累计摊销额后的余额孰高进行计量。

在非同一控制下的企业合并中，企业作为购买方确认的或有对价形成金融负债的，该金融负债应当按照以公允价值计量且其变动计入当期损益进行会计处理。

第二十二条 在初始确认时，为了提供更相关的会计信息，企业可以将金融负债指定为以公允价值计量且其变动计入当期损益的金融负债，但该指定应当满足下列条件之一：

（一）能够消除或显著减少会计错配。

（二）根据正式书面文件载明的企业风险管理或投资策略，以公允价值为基础对金融负债组合或金融资产和金融负债组合进行管理和业绩评价，并在企业内部以此为基础向关键管理人员报告。

该指定一经作出，不得撤销。

第五章　嵌入衍生工具

第二十三条　嵌入衍生工具，是指嵌入到非衍生工具（即主合同）中的衍生工具。嵌入衍生工具与主合同构成混合合同。该嵌入衍生工具对混合合同的现金流量产生影响的方式，应当与单独存在的衍生工具类似，且该混合合同的全部或部分现金流量随特定利率、金融工具价格、商品价格、汇率、价格指数、费率指数、信用等级、信用指数或其他变量变动而变动，变量为非金融变量的，该变量不应与合同的任何一方存在特定关系。

衍生工具如果附属于一项金融工具但根据合同规定可以独立于该金融工具进行转让，或者具有与该金融工具不同的交易对手方，则该衍生工具不是嵌入衍生工具，应当作为一项单独存在的衍生工具处理。

第二十四条　混合合同包含的主合同属于本准则规范的资产的，企业不应从该混合合同中分拆嵌入衍生工具，而应当将该混合合同作为一个整体适用本准则关于金融资产分类的相关规定。

第二十五条　混合合同包含的主合同不属于本准则规范的资产，且同时符合下列条件的，企业应当从混合合同中分拆嵌入衍生工具，将其作为单独存在的衍生工具处理：

（一）嵌入衍生工具的经济特征和风险与主合同的经济特征和风险不紧密相关。

（二）与嵌入衍生工具具有相同条款的单独工具符合衍生工具的

定义。

（三）该混合合同不是以公允价值计量且其变动计入当期损益进行会计处理。

嵌入衍生工具从混合合同中分拆的，企业应当按照适用的会计准则规定，对混合合同的主合同进行会计处理。企业无法根据嵌入衍生工具的条款和条件对嵌入衍生工具的公允价值进行可靠计量的，该嵌入衍生工具的公允价值应当根据混合合同公允价值和主合同公允价值之间的差额确定。使用了上述方法后，该嵌入衍生工具在取得日或后续资产负债表日的公允价值仍然无法单独计量的，企业应当将该混合合同整体指定为以公允价值计量且其变动计入当期损益的金融工具。

第二十六条　混合合同包含一项或多项嵌入衍生工具，且其主合同不属于本准则规范的资产的，企业可以将其整体指定为以公允价值计量且其变动计入当期损益的金融工具。但下列情况除外：

（一）嵌入衍生工具不会对混合合同的现金流量产生重大改变。

（二）在初次确定类似的混合合同是否需要分拆时，几乎不需分析就能明确其包含的嵌入衍生工具不应分拆。如嵌入贷款的提前还款权，允许持有人以接近摊余成本的金额提前偿还贷款，该提前还款权不需要分拆。

第六章　金融工具的重分类

第二十七条　企业改变其管理金融资产的业务模式时，应当按照本准则的规定对所有受影响的相关金融资产进行重分类。

企业对所有金融负债均不得进行重分类。

第二十八条　企业发生下列情况的，不属于金融资产或金融负债的重分类：

（一）按照《企业会计准则第 24 号——套期会计》相关规定，某金融工具以前被指定并成为现金流量套期或境外经营净投资套期中的有效套期工具，但目前已不再满足运用该套期会计方法的条件。

（二）按照《企业会计准则第 24 号——套期会计》相关规定，某金融工具被指定并成为现金流量套期或境外经营净投资套期中的有效套期工具。

（三）按照《企业会计准则第 24 号——套期会计》相关规定，运用信用风险敞口公允价值选择权所引起的计量变动。

第二十九条　企业对金融资产进行重分类，应当自重分类日起采用未来适用法进行相关会计处理，不得对以前已经确认的利得、损失（包括减值损失或利得）或利息进行追溯调整。

重分类日，是指导致企业对金融资产进行重分类的业务模式发生变更后的首个报告期间的第一天。

第三十条　企业将一项以摊余成本计量的金融资产重分类为以公允价值计量且其变动计入当期损益的金融资产的，应当按照该资产在重分类日的公允价值进行计量。原账面价值与公允价值之间的差额计入当期损益。

企业将一项以摊余成本计量的金融资产重分类为以公允价值计量且其变动计入其他综合收益的金融资产的，应当按照该金融资产在重分类日的公允价值进行计量。原账面价值与公允价值之间的差额计入其他综合收益。该金融资产重分类不影响其实际利率和预期信用损失的计量。

第三十一条　企业将一项以公允价值计量且其变动计入其他综合收益的金融资产重分类为以摊余成本计量的金融资产的，应当将之前计入其他综合收益的累计利得或损失转出，调整该金融资产在重分类日的公允价值，并以调整后的金额作为新的账面价值，即视同该金融资产一直以摊余成本计量。该金融资产重分类不影响其实际利率和预期信用损失的计量。

企业将一项以公允价值计量且其变动计入其他综合收益的金融资产重分类为以公允价值计量且其变动计入当期损益的金融资产的,应当继续以公允价值计量该金融资产。同时,企业应当将之前计入其他综合收益的累计利得或损失从其他综合收益转入当期损益。

第三十二条 企业将一项以公允价值计量且其变动计入当期损益的金融资产重分类为以摊余成本计量的金融资产的,应当以其在重分类日的公允价值作为新的账面余额。

企业将一项以公允价值计量且其变动计入当期损益的金融资产重分类为以公允价值计量且其变动计入其他综合收益的金融资产的,应当继续以公允价值计量该金融资产。

按照本条规定对金融资产重分类进行处理的,企业应当根据该金融资产在重分类日的公允价值确定其实际利率。同时,企业应当自重分类日起对该金融资产适用本准则关于金融资产减值的相关规定,并将重分类日视为初始确认日。

第七章 金融工具的计量

第三十三条 企业初始确认金融资产或金融负债,应当按照公允价值计量。对于以公允价值计量且其变动计入当期损益的金融资产和金融负债,相关交易费用应当直接计入当期损益;对于其他类别的金融资产或金融负债,相关交易费用应当计入初始确认金额。但是,企业初始确认的应收账款未包含《企业会计准则第14号——收入》所定义的重大融资成分或根据《企业会计准则第14号——收入》规定不考虑不超过一年的合同中的融资成分的,应当按照该准则定义的交易价格进行初始计量。

交易费用,是指可直接归属于购买、发行或处置金融工具的增量费用。增量费用是指企业没有发生购买、发行或处置相关金融工具的情形就不会发生的费用，包括支付给代理机构、咨询公司、券商、证券交易所、政府有关部门等的手续费、佣金、相关税费以及其他必要支出，不包括债券溢价、折价、融资费用、内部管理成本和持有成本等与交易不直接相关的费用。

第三十四条　企业应当根据《企业会计准则第39号——公允价值计量》的规定，确定金融资产和金融负债在初始确认时的公允价值。公允价值通常为相关金融资产或金融负债的交易价格。金融资产或金融负债公允价值与交易价格存在差异的，企业应当区别下列情况进行处理：

（一）在初始确认时，金融资产或金融负债的公允价值依据相同资产或负债在活跃市场上的报价或者以仅使用可观察市场数据的估值技术确定的，企业应当将该公允价值与交易价格之间的差额确认为一项利得或损失。

（二）在初始确认时，金融资产或金融负债的公允价值以其他方式确定的，企业应当将该公允价值与交易价格之间的差额递延。初始确认后，企业应当根据某一因素在相应会计期间的变动程度将该递延差额确认为相应会计期间的利得或损失。该因素应当仅限于市场参与者对该金融工具定价时将予考虑的因素，包括时间等。

第三十五条　初始确认后，企业应当对不同类别的金融资产，分别以摊余成本、以公允价值计量且其变动计入其他综合收益或以公允价值计量且其变动计入当期损益进行后续计量。

第三十六条　初始确认后，企业应当对不同类别的金融负债，分别以摊余成本、以公允价值计量且其变动计入当期损益或以本准则第二十一条规定的其他适当方法进行后续计量。

第三十七条　金融资产或金融负债被指定为被套期项目的，企业应当根据《企业会计准则第24号——套期会计》规定进行后续计量。

第三十八条 金融资产或金融负债的摊余成本，应当以该金融资产或金融负债的初始确认金额经下列调整后的结果确定：

（一）扣除已偿还的本金。

（二）加上或减去采用实际利率法将该初始确认金额与到期日金额之间的差额进行摊销形成的累计摊销额。

（三）扣除累计计提的损失准备（仅适用于金融资产）。

实际利率法，是指计算金融资产或金融负债的摊余成本以及将利息收入或利息费用分摊计入各会计期间的方法。

实际利率，是指将金融资产或金融负债在预计存续期的估计未来现金流量，折现为该金融资产账面余额或该金融负债摊余成本所使用的利率。在确定实际利率时，应当在考虑金融资产或金融负债所有合同条款（如提前还款、展期、看涨期权或其他类似期权等）的基础上估计预期现金流量，但不应当考虑预期信用损失。

第三十九条 企业应当按照实际利率法确认利息收入。利息收入应当根据金融资产账面余额乘以实际利率计算确定，但下列情况除外：

（一）对于购入或源生的已发生信用减值的金融资产，企业应当自初始确认起，按照该金融资产的摊余成本和经信用调整的实际利率计算确定其利息收入。

（二）对于购入或源生的未发生信用减值、但在后续期间成为已发生信用减值的金融资产，企业应当在后续期间，按照该金融资产的摊余成本和实际利率计算确定其利息收入。企业按照上述规定对金融资产的摊余成本运用实际利率法计算利息收入的，若该金融工具在后续期间因其信用风险有所改善而不再存在信用减值，并且这一改善在客观上可与应用上述规定之后发生的某一事件相联系（如债务人的信用评级被上调），企业应当转按实际利率乘以该金融资产账面余额来计算确定利息收入。

经信用调整的实际利率，是指将购入或源生的已发生信用减值的金融资产在预计存续期的估计未来现金流量，折现为该金融资产摊余成本的利率。在确定经信用调整的实际利率时，应当在考虑金融资产的所有合同条款（例如提前还款、展期、看涨期权或其他类似期权等）以及初始预期信用损失的基础上估计预期现金流量。

第四十条 当对金融资产预期未来现金流量具有不利影响的一项或多项事件发生时，该金融资产成为已发生信用减值的金融资产。金融资产已发生信用减值的证据包括下列可观察信息：

（一）发行方或债务人发生重大财务困难；

（二）债务人违反合同，如偿付利息或本金违约或逾期等；

（三）债权人出于与债务人财务困难有关的经济或合同考虑，给予债务人在任何其他情况下都不会作出的让步；

（四）债务人很可能破产或进行其他财务重组；

（五）发行方或债务人财务困难导致该金融资产的活跃市场消失；

（六）以大幅折扣购买或源生一项金融资产，该折扣反映了发生信用损失的事实。

金融资产发生信用减值，有可能是多个事件的共同作用所致，未必是可单独识别的事件所致。

第四十一条 合同各方之间支付或收取的、属于实际利率或经信用调整的实际利率组成部分的各项费用、交易费用及溢价或折价等，应当在确定实际利率或经信用调整的实际利率时予以考虑。

企业通常能够可靠估计金融工具（或一组类似金融工具）的现金流量和预计存续期。在极少数情况下，金融工具（或一组金融工具）的估计未来现金流量或预计存续期无法可靠估计的，企业在计算确定其实际利率（或经信用调整的实际利率）时，应当基于该金融工具在整个合同期内的合同现金流量。

第四十二条 企业与交易对手方修改或重新议定合同，未导致金融资产终止确认，但导致合同现金流量发生变化的，应当重新计算该金融资产的账面余额，并将相关利得或损失计入当期损益。重新计算的该金融资产的账面余额，应当根据将重新议定或修改的合同现金流量按金融资产的原实际利率（或者购买或源生的已发生信用减值的金融资产的经信用调整的实际利率）或按《企业会计准则第24号——套期会计》第二十三条规定的重新计算的实际利率（如适用）折现的现值确定。对于修改或重新议定合同所产生的所有成本或费用，企业应当调整修改后的金融资产账面价值，并在修改后金融资产的剩余期限内进行摊销。

第四十三条 企业不再合理预期金融资产合同现金流量能够全部或部分收回的，应当直接减记该金融资产的账面余额。这种减记构成相关金融资产的终止确认。

第四十四条 企业对权益工具的投资和与此类投资相联系的合同应当以公允价值计量。但在有限情况下，如果用以确定公允价值的近期信息不足，或者公允价值的可能估计金额分布范围很广，而成本代表了该范围内对公允价值的最佳估计的，该成本可代表其在该分布范围内对公允价值的恰当估计。

企业应当利用初始确认日后可获得的关于被投资方业绩和经营的所有信息，判断成本能否代表公允价值。存在下列情形（包含但不限于）之一的，可能表明成本不代表相关金融资产的公允价值，企业应当对其公允价值进行估值：

（一）与预算、计划或阶段性目标相比，被投资方业绩发生重大变化。

（二）对被投资方技术产品实现阶段性目标的预期发生变化。

（三）被投资方的权益、产品或潜在产品的市场发生重大变化。

（四）全球经济或被投资方经营所处的经济环境发生重大变化。

（五）被投资方可比企业的业绩或整体市场所显示的估值结果发生重大变化。

（六）被投资方的内部问题，如欺诈、商业纠纷、诉讼、管理或战略变化。

（七）被投资方权益发生了外部交易并有客观证据，包括发行新股等被投资方发生的交易和第三方之间转让被投资方权益工具的交易等。

第四十五条　权益工具投资或合同存在报价的，企业不应当将成本作为对其公允价值的最佳估计。

第八章　金融工具的减值

第四十六条　企业应当按照本准则规定，以预期信用损失为基础，对下列项目进行减值会计处理并确认损失准备：

（一）按照本准则第十七条分类为以摊余成本计量的金融资产和按照本准则第十八条分类为以公允价值计量且其变动计入其他综合收益的金融资产。

（二）租赁应收款。

（三）合同资产。合同资产是指《企业会计准则第 14 号——收入》定义的合同资产。

（四）企业发行的分类为以公允价值计量且其变动计入当期损益的金融负债以外的贷款承诺和适用本准则第二十一条（三）规定的财务担保合同。

损失准备，是指针对按照本准则第十七条计量的金融资产、租赁应收款和合同资产的预期信用损失计提的准备，按照本准则第十八条计量的金融资产的累计减值金额以及针对贷款承诺和财务担保合同的预期信用损失计提的准备。

第四十七条 预期信用损失，是指以发生违约的风险为权重的金融工具信用损失的加权平均值。

信用损失，是指企业按照原实际利率折现的、根据合同应收的所有合同现金流量与预期收取的所有现金流量之间的差额，即全部现金短缺的现值。其中，对于企业购买或源生的已发生信用减值的金融资产，应按照该金融资产经信用调整的实际利率折现。由于预期信用损失考虑付款的金额和时间分布，因此即使企业预计可以全额收款但收款时间晚于合同规定的到期期限，也会产生信用损失。

在估计现金流量时，企业应当考虑金融工具在整个预计存续期的所有合同条款（如提前还款、展期、看涨期权或其他类似期权等）。企业所考虑的现金流量应当包括出售所持担保品获得的现金流量，以及属于合同条款组成部分的其他信用增级所产生的现金流量。

企业通常能够可靠估计金融工具的预计存续期。在极少数情况下，金融工具预计存续期无法可靠估计的，企业在计算确定预期信用损失时，应当基于该金融工具的剩余合同期间。

第四十八条 除了按照本准则第五十七条和第六十三条的相关规定计量金融工具损失准备的情形以外，企业应当在每个资产负债表日评估相关金融工具的信用风险自初始确认后是否已显著增加，并按照下列情形分别计量其损失准备、确认预期信用损失及其变动：

（一）如果该金融工具的信用风险自初始确认后已显著增加，企业应当按照相当于该金融工具整个存续期内预期信用损失的金额计量其损失准备。无论企业评估信用损失的基础是单项金融工具还是金融工具组合，由此形成的损失准备的增加或转回金额，应当作为减值损失或利得计入当期损益。

（二）如果该金融工具的信用风险自初始确认后并未显著增加，企业应当按照相当于该金融工具未来12个月内预期信用损失的金额计量其损失准备，无论企业评估信用损失的基础是单项金融工具还是金融工具组合，由此形成的损失准备的增加或转回金额，应当作为减值损失或利得计入当期损益。

未来12个月内预期信用损失，是指因资产负债表日后12个月内（若金融工具的预计存续期少于12个月，则为预计存续期）可能发生的金融工具违约事件而导致的预期信用损失，是整个存续期预期信用损失的一部分。

企业在进行相关评估时，应当考虑所有合理且有依据的信息，包括前瞻性信息。为确保自金融工具初始确认后信用风险显著增加即确认整个存续期预期信用损失，企业在一些情况下应当以组合为基础考虑评估信用风险是否显著增加。整个存续期预期信用损失，是指因金融工具整个预计存续期内所有可能发生的违约事件而导致的预期信用损失。

第四十九条 对于按照本准则第十八条分类为以公允价值计量且其变动计入其他综合收益的金融资产，企业应当在其他综合收益中确认其损失准备，并将减值损失或利得计入当期损益，且不应减少该金融资产在资产负债表中列示的账面价值。

第五十条 企业在前一会计期间已经按照相当于金融工具整个存续期内预期信用损失的金额计量了损失准备，但在当期资产负债表日，该金融工具已不再属于自初始确认后信用风险显著增加的情形的，企业应当在当期资产负债表日按照相当于未来12个月内预期信用损失的金额计量该金融工具的损失准备，由此形成的损失准备的转回金额应当作为减值利得计入当期损益。

第五十一条 对于贷款承诺和财务担保合同，企业在应用金融工具减值规定时，应当将本企业成为作出不可撤销承诺的一方之日作为初始确认日。

第五十二条 企业在评估金融工具的信用风险自初始确认后是

否已显著增加时，应当考虑金融工具预计存续期内发生违约风险的变化，而不是预期信用损失金额的变化。企业应当通过比较金融工具在资产负债表日发生违约的风险与在初始确认日发生违约的风险，以确定金融工具预计存续期内发生违约风险的变化情况。

在为确定是否发生违约风险而对违约进行界定时，企业所采用的界定标准，应当与其内部针对相关金融工具的信用风险管理目标保持一致，并考虑财务限制条款等其他定性指标。

第五十三条 企业通常应当在金融工具逾期前确认该工具整个存续期预期信用损失。企业在确定信用风险自初始确认后是否显著增加时，企业无须付出不必要的额外成本或努力即可获得合理且有依据的前瞻性信息的，不得仅依赖逾期信息来确定信用风险自初始确认后是否显著增加；企业必须付出不必要的额外成本或努力才可获得合理且有依据的逾期信息以外的单独或汇总的前瞻性信息的，可以采用逾期信息来确定信用风险自初始确认后是否显著增加。

无论企业采用何种方式评估信用风险是否显著增加，通常情况下，如果逾期超过 30 日，则表明金融工具的信用风险已经显著增加。除非企业在无须付出不必要的额外成本或努力的情况下即可获得合理且有依据的信息，证明即使逾期超过 30 日，信用风险自初始确认后仍未显著增加。如果企业在合同付款逾期超过 30 日前已确定信用风险显著增加，则应当按照整个存续期的预期信用损失确认损失准备。

如果交易对手方未按合同规定时间支付约定的款项，则表明该金融资产发生逾期。

第五十四条 企业在评估金融工具的信用风险自初始确认后是否已显著增加时，应当考虑违约风险的相对变化，而非违约风险变动的绝对值。在同一后续资产负债表日，对于违约风险变动的绝对值相同的两项金融资产，初始确认时违约风险较低的金融工具比初始确认时违约风险较高的金融工具的信用风险变化更为显著。

第五十五条 企业确定金融工具在资产负债表日只具有较低的信用风险的，可以假设该金融工具的信用风险自初始确认后并未显著增加。

如果金融工具的违约风险较低，借款人在短期内履行其合同现金流量义务的能力很强，并且即便较长时期内经济形势和经营环境存在不利变化但未必一定降低借款人履行其合同现金流量义务的能力，该金融工具被视为具有较低的信用风险。

第五十六条 企业与交易对手方修改或重新议定合同，未导致金融资产终止确认，但导致合同现金流量发生变化的，企业在评估相关金融工具的信用风险是否已经显著增加时，应当将基于变更后的合同条款在资产负债表日发生违约的风险与基于原合同条款在初始确认时发生违约的风险进行比较。

第五十七条 对于购买或源生的已发生信用减值的金融资产，企业应当在资产负债表日仅将自初始确认后整个存续期内预期信用损失的累计变动确认为损失准备。在每个资产负债表日，企业应当将整个存续期内预期信用损失的变动金额作为减值损失或利得计入当期损益。即使该资产负债表日确定的整个存续期内预期信用损失小于初始确认时估计现金流量所反映的预期信用损失的金额，企业也应当将预期信用损失的有利变动确认为减值利得。

第五十八条 企业计量金融工具预期信用损失的方法应当反映下列各项要素：

（一）通过评价一系列可能的结果而确定的无偏概率加权平均金额。

（二）货币时间价值。

（三）在资产负债表日无须付出不必要的额外成本或努力即可获得的有关过去事项、当前状况以及未来经济状况预测的合理且有依据的信息。

第五十九条 对于适用本准则有关金融工具减值规定的各类金融工具,企业应当按照下列方法确定其信用损失:

(一)对于金融资产,信用损失应为企业应收取的合同现金流量与预期收取的现金流量之间差额的现值。

(二)对于租赁应收款项,信用损失应为企业应收取的合同现金流量与预期收取的现金流量之间差额的现值。其中,用于确定预期信用损失的现金流量,应与按照《企业会计准则第21号——租赁》用于计量租赁应收款项的现金流量保持一致。

(三)对于未提用的贷款承诺,信用损失应为在贷款承诺持有人提用相应贷款的情况下,企业应收取的合同现金流量与预期收取的现金流量之间差额的现值。企业对贷款承诺预期信用损失的估计,应当与其对该贷款承诺提用情况的预期保持一致。

(四)对于财务担保合同,信用损失应为企业就该合同持有人发生的信用损失向其作出赔付的预计付款额,减去企业预期向该合同持有人、债务人或任何其他方收取的金额之间差额的现值。

(五)对于资产负债表日已发生信用减值但并非购买或源生已发生信用减值的金融资产,信用损失应为该金融资产账面余额与按原实际利率折现的估计未来现金流量的现值之间的差额。

第六十条 企业应当以概率加权平均为基础对预期信用损失进行计量。企业对预期信用损失的计量应当反映发生信用损失的各种可能性,但不必识别所有可能的情形。

第六十一条 在计量预期信用损失时,企业需考虑的最长期限为企业面临信用风险的最长合同期限(包括考虑续约选择权),而不是更长期间,即使该期间与业务实践相一致。

第六十二条 如果金融工具同时包含贷款和未提用的承诺,且企业根据合同规定要求还款或取消未提用承诺的能力并未将企业面临信用损失的期间限定在合同通知期内的,企业对于此类金融工具(仅限于此类金融工具)确认预期信用损失的期间,应当为其面临信用风险且无法用信用风险管理措施予以缓释的期间,即使该期间超过了最长合同期限。

第六十三条 对于下列各项目,企业应当始终按照相当于整个存续期内预期信用损失的金额计量其损失准备:

(一)由《企业会计准则第 14 号——收入》规范的交易形成的应收款项或合同资产,且符合下列条件之一:

1. 该项目未包含《企业会计准则第 14 号——收入》所定义的重大融资成分,或企业根据《企业会计准则第 14 号——收入》规定不考虑不超过一年的合同中的融资成分。

2. 该项目包含《企业会计准则第 14 号——收入》所定义的重大融资成分,同时企业作出会计政策选择,按照相当于整个存续期内预期信用损失的金额计量损失准备。企业应当将该会计政策选择适用于所有此类应收款项和合同资产,但可对应收款项类和合同资产类分别作出会计政策选择。

(二)由《企业会计准则第 21 号——租赁》规范的交易形成的租赁应收款,同时企业作出会计政策选择,按照相当于整个存续期内预期信用损失的金额计量损失准备。企业应当将该会计政策选择适用于所有租赁应收款,但可对应收融资租赁款和应收经营租赁款分别作出会计政策选择。

在适用本条规定时,企业可对应收款项、合同资产和租赁应收款分别选择减值会计政策。

第九章 利得和损失

第六十四条 企业应当将以公允价值计量的金融资产或金融负

债的利得或损失计入当期损益,除非该金融资产或金融负债属于下列情形之一:

(一)属于《企业会计准则第 24 号——套期会计》规定的套期关系的一部分。

(二)是一项对非交易性权益工具的投资,且企业已按照本准则第十九条规定将其指定为以公允价值计量且其变动计入其他综合收益的金融资产。

(三)是一项被指定为以公允价值计量且其变动计入当期损益的金融负债,且按照本准则第六十八条规定,该负债由企业自身信用风险变动引起的其公允价值变动应当计入其他综合收益。

(四)是一项按照本准则第十八条分类为以公允价值计量且其变动计入其他综合收益的金融资产,且企业根据本准则第七十一条规定,其减值损失或利得和汇兑损益之外的公允价值变动计入其他综合收益。

第六十五条 企业只有在同时符合下列条件时,才能确认股利收入并计入当期损益:

(一)企业收取股利的权利已经确立;

(二)与股利相关的经济利益很可能流入企业;

(三)股利的金额能够可靠计量。

第六十六条 以摊余成本计量且不属于任何套期关系的一部分的金融资产所产生的利得或损失,应当在终止确认、按照本准则规定重分类、按照实际利率法摊销或按照本准则规定确认减值时,计入当期损益。如果企业将以摊余成本计量的金融资产重分类为其他类别,应当根据本准则第三十条规定处理其利得或损失。

以摊余成本计量且不属于任何套期关系的一部分的金融负债所产生的利得或损失,应当在终止确认时计入当期损益或在按照实际利率法摊销时计入相关期间损益。

第六十七条 属于套期关系中被套期项目的金融资产或金融负债所产生的利得或损失,应当按照《企业会计准则第 24 号——套期会计》相关规定进行处理。

第六十八条 企业根据本准则第二十二条和第二十六条规定将金融负债指定为以公允价值计量且其变动计入当期损益的金融负债的,该金融负债所产生的利得或损失应当按照下列规定进行处理:

(一)由企业自身信用风险变动引起的该金融负债公允价值的变动金额,应当计入其他综合收益;

(二)该金融负债的其他公允价值变动计入当期损益。

按照本条(一)规定对该金融负债的自身信用风险变动的影响进行处理会造成或扩大损益中的会计错配的,企业应当将该金融负债的全部利得或损失(包括企业自身信用风险变动的影响金额)计入当期损益。

该金融负债终止确认时,之前计入其他综合收益的累计利得或损失应当从其他综合收益中转出,计入留存收益。

第六十九条 企业根据本准则第十九条规定将非交易性权益工具投资指定为以公允价值计量且其变动计入其他综合收益的金融资产的,当该金融资产终止确认时,之前计入其他综合收益的累计利得或损失应当从其他综合收益中转出,计入留存收益。

第七十条 指定为以公允价值计量且其变动计入当期损益的金融负债的财务担保合同和不可撤销贷款承诺所产生的全部利得或损失,应当计入当期损益。

第七十一条 按照本准则第十八条分类为以公允价值计量且其变动计入其他综合收益的金融资产所产生的所有利得或损失,除减值损失或利得和汇兑损益之外,均应当计入其他综合收益,直至该金融资产终止确认或被重分类。但是,采用实际利率法计算的该金融资产的利息应当计入当期损益。该金融资产计入各期损益的金额应当与视同其一直按摊余成本计量而计入各期损益的金额相等。

该金融资产终止确认时，之前计入其他综合收益的累计利得或损失应当从其他综合收益中转出，计入当期损益。

企业将该金融资产重分类为其他类别金融资产的，应当根据本准则第三十一条规定，对之前计入其他综合收益的累计利得或损失进行相应处理。

第十章 衔接规定

第七十二条 本准则施行日之前的金融工具确认和计量与本准则要求不一致的，企业应当追溯调整，但本准则第七十三条至八十三条另有规定的除外。在本准则施行日已经终止确认的项目不适用本准则。

第七十三条 在本准则施行日，企业应当按照本准则的规定对金融工具进行分类和计量（含减值），涉及前期比较财务报表数据与本准则要求不一致的，无须调整。金融工具原账面价值和在本准则施行日的新账面价值之间的差额，应当计入本准则施行日所在年度报告期间的期初留存收益或其他综合收益。同时，企业应当按照《企业会计准则第37号——金融工具列报》的相关规定在附注中进行披露。

企业如果调整前期比较财务报表数据，应当能够以前期的事实和情况为依据，且比较数据应当反映本准则的所有要求。

第七十四条 在本准则施行日，企业应当以该日的既有事实和情况为基础，根据本准则第十七条（一）或第十八条（一）的相关规定评估其管理金融资产的业务模式是以收取合同现金流量为目标，还是以既收取合同现金流量又出售金融资产为目标，并据此确定金融资产的分类，进行追溯调整，无须考虑企业之前的业务模式。

第七十五条　在本准则施行日，企业在考虑具有本准则第十六条所述修正的货币时间价值要素的金融资产的合同现金流量特征时，需要对特定货币时间价值要素修正进行评估的，该评估应当以该金融资产初始确认时存在的事实和情况为基础。该评估不切实可行的，企业不应考虑本准则关于货币时间价值要素修正的规定。

第七十六条　在本准则施行日，企业在考虑具有本准则第十六条所述提前还款特征的金融资产的合同现金流量特征时，需要对该提前还款特征的公允价值是否非常小进行评估的，该评估应当以该金融资产初始确认时存在的事实和情况为基础。该评估不切实可行的，企业不应考虑本准则关于提前还款特征例外情形的规定。

第七十七条　在本准则施行日，企业存在根据本准则相关规定应当以公允价值计量的混合合同但之前未以公允价值计量的，该混合合同在前期比较财务报表期末的公允价值应当等于其各组成部分在前期比较财务报表期末公允价值之和。在本准则施行日，企业应当将整个混合合同在该日的公允价值与该混合合同各组成部分在该日的公允价值之和之间的差额，计入本准则施行日所在报告期间的期初留存收益或其他综合收益。

第七十八条　在本准则施行日，企业应当以该日的既有事实和情况为基础，根据本准则的相关规定，对相关金融资产进行指定或撤销指定，并追溯调整：

（一）在本准则施行日，企业可以根据本准则第二十条规定，将满足条件的金融资产指定为以公允价值计量且其变动计入当期损益的金融资产。但企业之前指定为以公允价值计量且其变动计入当期损益的金融资产，不满足本准则第二十条规定的指定条件的，应当解除之前作出的指定；之前指定为以公允价值计量且其变动计入当期损益的金融资产继续满足本准则第二十条规定的指定条件的，企业可以选择继续指定或撤销之前的指定。

（二）在本准则施行日，企业可以根据本准则第十九条规定，将非交易性权益工具投资指定为以公允价值计量且其变动计入其他综合收益的金融资产。

第七十九条 在本准则施行日，企业应当以该日的既有事实和情况为基础，根据本准则的相关规定，对相关金融负债进行指定或撤销指定，并追溯调整：

（一）在本准则施行日，为了消除或显著减少会计错配，企业可以根据本准则第二十二条（一）的规定，将金融负债指定为以公允价值计量且其变动计入当期损益的金融负债。

（二）企业之前初始确认金融负债时，为了消除或显著减少会计错配，已将该金融负债指定为以公允价值计量且其变动计入当期损益的金融负债，但在本准则施行日不再满足本准则规定的指定条件的，企业应当撤销之前的指定；该金融负债在本准则施行日仍然满足本准则规定的指定条件的，企业可以选择继续指定或撤销之前的指定。

第八十条 在本准则施行日，企业按照本准则规定对相关金融资产或金融负债以摊余成本进行计量、应用实际利率法追溯调整不切实可行的，应当按照以下原则进行处理：

（一）以金融资产或金融负债在前期比较财务报表期末的公允价值，作为企业调整前期比较财务报表数据时该金融资产的账面余额或该金融负债的摊余成本；

（二）以金融资产或金融负债在本准则施行日的公允价值，作为该金融资产在本准则施行日的新账面余额或该金融负债的新摊余成本。

第八十一条 在本准则施行日，对于之前以成本计量的、在活跃市场中没有报价且其公允价值不能可靠计量的权益工具投资或与该权益工具挂钩并须通过交付该工具进行结算的衍生金融资产，企业应当以其在本准则施行日的公允价值计量。原账面价值与公允价值之间的差额，应当计入本准则施行日所在报告期间的期初留存收益或其他综合收益。

在本准则施行日，对于之前以成本计量的、与在活跃市场中没有报价的权益工具挂钩并须通过交付该权益工具进行结算的衍生金融负债，企业应当以其在本准则施行日的公允价值计量。原账面价值与公允价值之间的差额，应当计入本准则施行日所在报告期间的期初留存收益。

第八十二条 在本准则施行日，企业存在根据本准则第二十二条规定将金融负债指定为以公允价值计量且其变动计入当期损益的金融负债，并且按照本准则第六十八条（一）规定将由企业自身信用风险变动引起的该金融负债公允价值的变动金额计入其他综合收益的，企业应当以该日的既有事实和情况为基础，判断按照上述规定处理是否会造成或扩大损益的会计错配，进而确定是否应当将该金融负债的全部利得或损失（包括企业自身信用风险变动的影响金额）计入当期损益，并按照上述结果追溯调整。

第八十三条 在本准则施行日，企业按照本准则计量金融工具减值的，应当使用无须付出不必要的额外成本或努力即可获得的合理且有依据的信息，确定金融工具在初始确认日的信用风险，并将该信用风险与本准则施行日的信用风险进行比较。

在确定自初始确认后信用风险是否显著增加时，企业可以应用本准则第五十五条的规定根据其是否具有较低的信用风险进行判断，或者应用本准则第五十三条第二段的规定根据相关金融资产逾期是否超过 30 日进行判断。企业在本准则施行日必须付出不必要的额外成本或努力才可获得合理且有依据的信息的，企业在该金融工具终止确认前的所有资产负债表日的损失准备应当等于其整个存续期的预期信用损失。

第十一章 附 则

第八十四条 本准则自2018年1月1日起施行。

附录二

《企业会计准则第22号——金融工具确认和计量》修订说明

一、本准则修订的必要性

2006年财政部发布了《企业会计准则第22号——金融工具确认和计量》。该准则的实施对规范金融工具会计处理、促进企业改进风险管理、提升企业金融工具披露透明度,发挥了积极作用。但随着我国多层次资本市场的建立健全和金融创新的不断深化,资本市场出现了一些新情况和新问题,该准则已难以适应企业金融工具业务发展的需要。比如,现行金融工具分类和计量过于复杂,主观性强,影响金融工具会计信息的可比性;金融资产减值存在滞后性,前瞻性不够;金融资产转移的会计处理过于原则,对金融资产证券化等会计实务指导不够;套期会计与企业风险管理实务脱节等。为更好地对金融工具进行会计处理、如实反映企业的财务状况和经营成果、促进企业增强风险意识并提高风险管理水平、持续提升金融市场披露透明度,充分发挥金融工具会计在金融市场发展和企业经营中的作用,不断提升财务报告的有用性、可比性和透明度,有必要进一步修改完善金融工具确认和计量会计准则。

此外,2008年国际金融危机发生后,二十国集团要求国际会计准则理事会加紧修订金融工具等会计准则，以解决现行金融工具分类随意性较大、有关企业对贷款等金融资产减值计提不及时、不足额等问题。为此，国际会计准则理事会响应二十国集团峰会的倡议，于2009年启动了金融工具准则改革项目，对金融工具国际财务报告准则进行了较大幅度的修订。作为本次修订的成果，国际会计准则理事会于2014年发布了《国际财务报告准则第9号——金融工具》（IFRS 9），于2018年1月1日生效并取代现行《国际会计准则第39号——金融工具》（IAS 39）。新的金融工具国际财务报告准则简化了金融资产分类，引入了预期信用损失法作为金融工具减值的基础，简化了嵌入衍生工具的会计处理，提升了套期会计的适用性，既符合我国强化金融监管的方向，也有利于我国企业更好地管理和更恰当地披露金融工具，能够在一定程度上防范和化解金融风险，提高企业竞争力。

综上所述，为切实解决我国企业相关会计实务问题、实现我国企业会计准则与国际财务报告准则的持续全面趋同，我们借鉴IFRS 9相关内容，结合我国实际情况，修订了《企业会计准则第22号——金融工具确认和计量》。

二、本准则修订的过程

本准则修订经历了前期准备、研究、起草、公开征求意见和修改完善等阶段。

前期准备阶段（2010年至2014年），我们针对国际会计准则理事会发布的一系列金融工具分类、确认计量和减值征求意见文件，会同有关监管部门、企业、会计师事务所、会计学术界等，通过书面反馈意见和邀请国际会计准则理事会在我国举办圆桌论坛等方式，对各项国际财务报告准则技术动向进行了深入分析，并积极反馈意见，避免了国际财务报告准则中包含对我国企业的不利规定。为深入了解该国际财务报告准则对我国金融业的影响，我们于 2013 年组织了部分银行根据尚处于征求意见阶段的国际财务报告准则预期信用损失法，对新的金融工具减值方法进行了测算和摸底。在上述工作基础上，我们成立了金融工具确认计量准则项目组，着手对现行《企业会计准则第 22 号——金融工具确认和计量》进行修订。

研究阶段（2015 年至 2016 年初），准则项目组着手全面研究了当前形势下修订金融工具确认计量准则的必要性和预计主要修订内容，并组织翻译出版了《国际财务报告准则第 9 号——金融工具》的中文译本（约 65 万字），为相关准则修订稿的起草奠定了良好基础。

起草阶段（2016 年初至 2016 年 7 月），项目组在消化吸收金融工具国际财务报告准则和充分征求国内部分金融机构、非金融企业以及会计师事务所等方面意见的基础上，几易其稿，反复修改完善，于 2016 年 6 月份形成了《企业会计准则第 22 号——金融工具确认和计量（修订）》讨论稿。之后，经司会计技术小组讨论、司务会审议，准则项目组对讨论稿进行了修改、调整和完善，并再次小范围征求有关专家意见后，于 7 月份形成了新准则征求意见稿。

公开征求意见阶段（2016 年 8 月至 10 月），2016 年 8 月 1 日，我部印发了新金融工具相关会计准则征求意见稿，向社会公开征求意见，征求意见截止期为 2016 年 10 月 11 日。《企业会计准则第 22 号——金融工具确认和计量（修订）（征求意见稿）》共收到反馈意见 49 份。这些反馈意见总体对主要修订内容表示赞同，支持我部根据《中国企业会计准则与国际财务报告准则持续趋同路线图》的要求，并结合国内提升金融机构风险管理能力、提高金融市场透明度以及防范金融风险的实际需要，及时修订我国金融工具确认计量准则。同时，反馈意见对于如何完善新准则也提出了质量较高的意见和建议，主要涉及对国际准则具体规定的理解、新准则对国内金融机构的影响、会计准则与相关监管政策的协调等方面。

修改完善阶段（2016年11月至2017年2月），针对反馈意见，项目组主要开展了如下工作：

一是认真分析吸收反馈意见。征求意见截止后，项目组对所有反馈意见进行了认真深入地分析和吸收，多次组织专家开展座谈和讨论，并在此基础上对新准则征求意见稿进行了全面系统地修改和完善。

二是讨论厘清国际准则的确切含义。一些反馈意见涉及对《国际财务报告准则第9号——金融工具》具体规定的不同理解，项目组就此多次与国际会计准则理事会技术总监和金融工具项目组举行电话会议，讨论厘清了国际准则相关规定的确切含义。

三是研究新准则的影响。一些反馈意见涉及新准则对金融机构的影响，项目组就此专门研究跟踪了部分单位开展的实地测试。

四是落实与监管政策的协调。一些反馈意见涉及新准则与监管政策的协调，项目组主动就此与相关监管部门多次沟通，并就新准则实施的相关问题达成了基本共识。

三、修订的主要内容

相对于现行《企业会计准则第22号——金融工具确认和计量》，新准则对金融工具确认和计量做了较大改进，旨在减少金融资产分类，简化嵌入衍生工具的会计处理，强化金融工具减值会计要求。本次修订的主要内容如下：

（一）减少金融资产分类

现行《企业会计准则第22号——金融工具确认和计量》将金融

资产分为四类：以公允价值计量且其变动计入当期损益的金融资产、持有至到期投资、贷款和应收款项、可供出售金融资产。过多的金融资产分类以及重分类规定，导致相同的金融工具出现不同的会计处理结果，并导致较为复杂的金融工具减值要求和套期会计规定。

为降低金融工具会计的复杂性，修订后的准则将金融资产分为以摊余成本计量的金融资产、以公允价值计量且其变动计入其他综合收益的金融资产和以公允价值计量且其变动计入当期损益的金融资产等三类，取消了贷款和应收款项、持有至到期投资和可供出售金融资产等三个原有分类。

同时，针对现行准则中较为复杂的金融资产分类原则和方法，新准则将其大幅简化为业务模式和合同现金流量特征等两个判断依据，从而更有利于实务判断和操作。

（二）简化嵌入衍生工具的处理

按照现行《企业会计准则第22号——金融工具确认和计量》规定，满足一定条件的嵌入衍生工具应当从混合合同中分拆，作为单独的衍生工具进行处理。如无法对嵌入衍生工具进行单独计量，应将混合合同整体指定为以公允价值计量且其变动计入当期损益。此规定涉及的专业判断较多，企业对其理解和把握口径存在差异。新准则对其进行了简化：混合合同主合同为金融资产的，应将混合合同作为一个整体进行会计处理，不再分拆；混合合同不属于金融资产的，基本继续沿用现行准则关于分拆的规定。

（三）强化金融工具减值要求

现行《企业会计准则第22号——金融工具确认和计量》规定，企业应当在资产负债表日对以公允价值计量且其变动计入当期损益的金融资产以外的金融资产的账面价值进行检查，有客观证据表明该金融资产发生减值的，应当计提减值准备。按照上述规定，当企业对金融资产计提减值准备时，相关损失已经发生，因此这种方法称为"已发生损失法"。已发生损失法不考虑预期损失信息，难以及时足额地反映有关金融资产在资产负债表日的信用风险状况。

新准则规定，企业采用预期损失法对金融工具的减值进行会计处理，应当考虑包括前瞻性信息在内的各种可获得信息。具体方法如下：

对于购入或源生的未发生信用减值的金融资产，企业应当判断金融工具的违约风险自初始确认以来是否显著增加，如果已显著增加，企业应采用概率加权方法，计算确定该金融工具在整个存续期的预期信用损失，以此确认和计提减值损失准备。如果未显著增加，企业应当按照相当于该金融工具未来12个月内预期信用损失的金额确认和计提损失准备。

对于购入或源生的已发生信用减值的金融资产，企业应当在资产负债表日仅将自初始确认后整个存续期内预期信用损失的累计变动确认为损失准备。在每个资产负债表日，企业应当将整个存续期内预期信用损失的变动金额作为减值损失或利得计入当期损益。

修订后的准则还对应收账款、租赁应收款等应收款项的减值会计处理做了特别规定。